PROPOS BOUDDHIQUES REMARQUABLES

Extraits Topiques
des Canons Bouddhiques

Suivis des **Propos** de **Prajñānanda**

ÉDITIONS DHARMA
85580 - St Michel en l'Herm

Texte : **Centre d'Études et de Méditation Dharmique de Gretz**

Photo de couverture : **Josiane Paret-Fontaine**

© **Véronica Paulence Zaregradsky** pour les **Éditions Dharma**
I.S.B.N. 2-86487-022-3

Sommaire

_____

C'était en 1938. Celui qui allait devenir Prajñānanda, alors officier d'active, "attendait" l'ordre de foncer sur les Allemands à la tête de sa section. Et dans cette attente, que faire sinon lire ? Le libraire du coin avait là un bon client : romans, études scientifiques, traités de philosophie, tout y passait. Mais ne passait pas ce "mal de vivre" qu'il connaissait depuis qu'il était conscient. Le loisir qui lui était laissé de revoir sa vie, ses aventures, ses recherches vaines, ses jouissances décevantes par leur impermanence, et les circonstances d'alors, ne pouvaient qu'augmenter la nostalgie d'un bonheur inaccessible. Cette soif d'absolu l'avait poussé à étudier les religions : hélas ! Toutes étaient à base de croyances, et la "foi" lui paraissait absurde. En quoi donc avoir foi ? Le Yaweh hébraïque ? Le Père chrétien ? Le Dieu catholique ? Allah ? Les Dieux grecs, romains, égyptiens, hindous ? En quelles écritures trouver une base ? Les Evangiles, le Coran, les Upanishad ? Tous les dieux étaient de l'ordre phénoménal, symboles peut-être d'un Absolu, mais symboles devenus hermétiques. Et tous les tenants des religions de se massacrer, de torturer, de vouloir dominer...

Sur un rayon de la librairie il vit un livre : "Le Bouddha", d'Oldenberg. Il n'avait que de très vagues renseignements sur le Dharma du Bouddha : encore une religion, encore des croyances, des divinités, et probablement des massacres...

Il parcourut vaguement le livre et sursauta ; il venait de lire : "Il y a un sans-naissance, sans-devenir, sans-création, sans-conditions". Pas de dieux ! Un état ! – plutôt un non-état – transphénoménal, au-delà des choses, fussent-elles des plus subtiles. Et le texte continuait : "S'il n'y avait pas ce sans-naissance,... on ne pourrait échapper à la naissance,... mais puisqu'il y a ce sans-naissance,... on peut échapper à la naissance, au devenir, à la création, au conditionnement". Ce fut un éblouissement ! En outre, étaient données dans ce "Dharma" des techniques pour accéder (si l'on peut dire !) à cet Absolu.

Il lut encore : "Tous les composés sont insatisfaisants, tous les composés sont impermanents, toutes les "choses" sont sans essence, Nirvāṇa est la paix".

Et encore : "Ne vous fondez pas sur la tradition, sur les Ecritures, sur un guru... "Ehi passiko" : "viens et vois".

Il décida sur le champ de devenir Dharmacārin[1], prit contact avec une association, "les Amis du Bouddhisme", fondée par G.C. Lounsbery et Marguerite de la Fuente, bien documentées pour être allées à Ceylan et dans d'autres pays bouddhistes, et pour avoir pratiqué la technique dite de "Vigilance remémoratrice appliquée à l'inspiration et à l'expiration" (Ānāpānasati en Pāli) sous la conduite d'un expert cinghalais, le Docteur Cassius Pereira, devenu le Bhikkhou Kassapa. C'est cette technique qui conduisit le Bouddha à l'Eveil.

---

[1] Celui qui va suivant le Dharma

Tout fut si convaincant — sans aucune croyance ! — qu'en 1941, l'officier quitta l'armée, prit les Refuges, se rasa la tête (enthousiasme excessif !) et commença sa carrière bouddhique.

Cette carrière de quarante ans, après avoir été moine Zen, Bhikkhu, après avoir connu nombre d'instructeurs, l'amène à ce jour, au fin fond du Velay, dans une vieille ferme isolée, se réjouissant toujours plus de la technique initiale et essayant toujours plus de passer au-delà des phénomènes.

Il n'a rien épargné en ces longues années pour communiquer ce qui le rendait si heureux : exposés, fondation d'un monastère, sessions de méditation, écrits, donnant le noyau du Dharma débarrassé de tous les éléments raciaux et folkloriques qui se sont accumulés pendant 2524 ans, pour l'occulter presque tout à fait.

Mais, délaissant aujourd'hui les exposés touffus, les livres à thèses profondes, il expérimente la formulation brève et incisive, comme celle qui l'a convaincu, et aussi l'image, la parabole, l'aphorisme, le parallèle, la comparaison, souvent utilisés, semble-t-il, par le Bouddha lui-même et ses commentateurs. Comparaison n'est pas raison, certes, mais après tout, l'ascèse vers l'Absolu, quoique d'articulation métaphysique, est phénoménale et peut être éclairée par des comparaisons phénoménales.

Est-il moyen plus clair que l'image des ludions pour illustrer les niveaux de possibilités des existences ?

Il a paru bon à Prajñānanda de rassembler en un volume, à la fois des propositions incisives du Dharma et des comparaisons, images, métaphores, etc…, qu'il a souvent utilisées lui-même pour aider ses amis dans leur effort de compréhension.

Ces "topiques" du Dharma ne forment pas un exposé cohérent ; leur but est de frapper l'entendement du lecteur par une formulation abrupte. Bien entendu, il serait bon pour une étude approfondie, de connaître Suttas et Sūtras, travail long, difficile et, disons-le, ennuyeux pour des Occidentaux, à qui ces textes, pleins de répétitions et de redondance, font un effet de logorrhée.

Il serait souhaitable, en outre, sinon de connaître le Pāḷi et le Sanscrit, d'avoir au moins la connaissance des mots-clés en ces deux langues.

Il n'a pas paru utile de donner systématiquement à chaque article sa référence ou son origine. Quant aux "Propos", qui ne sont pas toujours de Prajñānanda, nous sommes prêts à rendre justice à celles ou ceux qui reconnaîtraient leur "bien".

A noter que les derniers "topiques" sont extraits du Dhammapada, recueil de stances censées avoir été prononcées par le Bouddha en diverses occasions[2].

Puisse le présent travail susciter chez ceux qui sont prêts, ceux qui pressentent un Absolu en refusant de le phénoménaliser, le départ sur la Voie Dharmique, et affermir ceux qui y cheminent déjà.

*
* *

---

[2] A lire, l'excellente traduction commentée du Dhammapada par Prajñānanda aux Editions Albin Michel - collection Spiritualités vivantes - n°109

EXTRAITS TOPIQUES

DES

CANONS BOUDDHIQUES

Netam   mama
N'eso ' ham   asmi
Na   me   so   attā

Quoique ce soit, ce n'est pas "mien".

Quoique ce soit, je ne suis pas cela.

Quoique ce soit, ce n'est pas un "ego" à moi.

*

" Il "est" un sans-naissance, sans-devenir, sans-création, sans-conditions. S'il "n'était" pas ce sans-naissance, sans-devenir, sans-création, sans-conditions, une échappée de ce qui est né, devenu, créé, conditionné, ne pourrait être connue ici. Mais puisqu'il "est" un sans-naissance, sans-devenir, sans-création, sans-conditions, une échappée du né, devenu, créé, conditionné, peut être connue ici ".

Nirvāṇa "est" ce sans-naissance, sans-devenir, sans-création, sans-conditions, mais ce n'est pas un "état" définissable ; le terme "il est" est une manière de dire. Il faut appliquer la logique tétramorphe : Nirvāṇa est, Nirvāṇa n'est pas, à la fois Nirvāṇa est et n'est pas, à la fois Nirvāṇa ni n'est , ni n'est pas.

*
* *

Tous les conditionnés sont impermanents
Tous les composés sont insatisfaisants
Tous les dharma[1] sont sans essence.

[1] dharma conditionnés ou inconditionnés, c'est-à-dire tous les phénomènes.

*

La forme est semblable à une masse d'écume
La sensation, à une bulle
La notion, à un mirage
Les facteurs d'existence, à un bananier
La connaissance discriminative, à une illusion.

*
* *

13

Les quatre propositions essentielles

1. *La souffrance* [1] :
   La naissance est souffrance, la vieillesse est souffrance, la mort est souffrance, le chagrin, les lamentations, la douleur, le malheur, la misère sont souffrance, désirer ce que l'on ne peut obtenir est souffrance, obtenir ce que l'on ne désire pas est souffrance, en bref, les cinq agrégats d'existence, instruments d'attachement, sont souffrance.

2. *La cause de la souffrance* :
   C'est cette soif conduisant à la renaissance (au devenir), liée à la jouissance et à la convoitise ici et là, soif de ressentir, soif d'exister, soif de ne plus exister.

3. *La cessation de la souffrance* :
   C'est le complet détachement et la cessation de cette soif ; l'abandon, le rejet, la libération de celle-ci et le dégoût pour elle.

4. *Les moyens de la cessation* : Le Noble Sentier Octuple

Connaissance Transcendante:	• 1. Compréhension juste
	2. Intention juste
Ethique :	• 3. Parole juste
	4. Action juste
	5. Moyens d'existence justes
Composition, synthèse :	• 6. Effort juste
	7. Vigilance juste
	8. Concentration juste

[1] Nous avons traduit "dukkha" par "souffrance" ; en fait, ce mot est un terme de la triade : dukkha : mal-heur — kha : heur — sukha : bon-heur. Il connote : malaise, insatisfaction, souffrance, états pénibles, nostalgie, mélancolie, etc...

La chaîne positive

L'insatisfaction (Dukkha) est une cause de confiance

La confiance est une cause de joie

La joie est une cause de transport joyeux

Le transport joyeux est une cause de bonheur

Le bonheur est une cause de tranquillité

La tranquillité est une cause de concentration-composition

La concentration est une cause de Vue des choses telles qu'elles sont

La Vue des choses est une cause de rejet, de dégoût, d'indifférence

L'indifférence est une cause de détachement

Le détachement est une cause de libération

La libération est une cause de la Connaissance de l'extinction des purulences.

*
* *

La Chaîne des origines interdépendantes

1. En dépendance de l'aveuglement se produisent les facteurs d'existence.

2. En dépendance des facteurs d'existence se produit la connaissance discriminative.

3. En dépendance de la connaissance discriminative se produit l'individualité physiopsychologique.

4. En dépendance de l'individualité physiopsychologique se produisent les six bases d'activité des sens.

5. En dépendance des six bases d'activité des sens se produit le contact.

6. En dépendance du contact se produit la sensation.

7. En dépendance de la sensation se produit la soif.

8. En dépendance de la soif se produit l'attachement.

9. En dépendance de l'attachement se produit le devenir.

10. En dépendance du devenir se produit la naissance.

11. En dépendance de la naissance se produisent vieillesse, mort, chagrins, lamentations, malheur, douleur, désespoir.

Les onze relations entre les douze termes ne sont pas à concevoir linéairement, mais en anneau. Par ailleurs, les 2 "chaînes" n'ont aucun rapport : la chaîne positive décrit le processus "technique" de la libération, la chaîne des origines est une "Vue", une connaissance profonde, transcendante de l'errance des existences.

*
* *

Rupture de la Chaîne des origines interdépendantes

1. L'aveuglement cessant, les facteurs (d'existence) cessent.

2. Les facteurs cessant, la connaissance discriminative cesse.

3. La connaissance discriminative cessant, l'individualité physiopsychologique cesse.

4. L'individualité physiopsychologique cessant, les six bases de l'activité des sens cessent.

5. Les six bases de l'activité des sens cessant, le contact cesse.

6. Le contact cessant, la sensation cesse.

7. La sensation cessant, la soif cesse.

8. La soif cessant, l'attachement cesse.

9. L'attachement cessant, le devenir cesse.

10. Le devenir cessant, la naissance cesse.

11. La naissance cessant, vieillesse, mort, chagrins, lamentations, malheur, douleur, désespoir, cessent.

*
* *

Les 37 auxiliaires de l'Eveil

Quatre bases de la Vigilance remémoratrice
Quatre efforts
Quatre bases des pouvoirs supra-normaux
Cinq pouvoirs
Cinq forces
Sept membres de l'Eveil
L'Octuple Sentier

• Les quatre bases de la Vigilance remémoratrice :

Vigilance remémoratrice appliquée au corps
Vigilance remémoratrice appliquée aux sensations
Vigilance remémoratrice appliquée au cœur (à la psyché)
Vigilance remémoratrice appliquée aux objets psychiques [1]

[1] Objets psychiques : idées, pensées, raisonnements,... etc

• Les quatre efforts :

Eviter le défavorable non présent
Surmonter le défavorable présent
Susciter le favorable non présent
Maintenir le favorable présent

- Les quatre bases des pouvoirs supra-normaux :

Concentration d'intention
Concentration d'énergie
Concentration du cœur (de la psyché)
Concentration d'investigation

- Les cinq pouvoirs, qui par l'ascèse deviennent cinq forces :

Confiance
Energie
Vigilance remémoratrice
Composition – concentration
Connaissance Transcendante

- Les sept membres de l'Eveil :

Vigilance remémoratrice
Investigation du Dharma et des phénomènes
Energie
Transport joyeux
Tranquillité
Composition – concentration
Equanimité

- L'octuple Sentier : (voir page 14, quatrième proposition essentielle)

*
* *

19

Les cinq constituants de l'individualité humaine (ou agrégats d'existence)

Forme
Sensations
Notions
Facteurs d'existence
Connaissance discriminative

*
* *

"Purulences"

Quatre **"Purulences"**
Sept propensions ou climats
Dix souillures
Trois soifs
Trois racines défavorables
Trois racines favorables

• Les quatre "purulences"

purulence du désir sensuel, du vouloir-ressentir
purulence du vouloir-vivre, du devenir
purulence de l'ignorance
purulence des opinions

• Les dix souillures (du cœur, de la psyché)

avidité
haine
stupidité
orgueil
opinions
doute stérile
torpeur
agitation
absence de honte (des comportements défavorables)
absence de dignité.

• Les sept propensions ou climats (semi-conscients et sans objets précis)

avidité pour les plaisirs sensuels
animosité, irritation, agressivité
opinions
doute stérile
orgueil
désir d'existence, de continuation
aveuglement.

• Les trois soifs :

soif de plaisir sensuel
soif d'existence
soif de non-existence.

• Les trois racines défavorables   • les trois racines favorables

convoitise   absence de convoitise
animosité   absence d'animosité
illusion, égarement   absence d'illusion, d'égarement

*
*   *

Les dix liens qui lient l'homme à sa condition illusoire

croyance en un moi éternel, essentiel
doute stérile
attachement aux rites et aux cérémonies
avidité sensuelle
agressivité
désir d'une existence dans les mondes de la forme subtile
désir d'une existence dans les mondes sans forme
orgueil
distraction du mental
reste d'aveuglement

*

" Forme est vacuité, de même, vacuité est forme ; forme ne diffère pas de vacuité, vacuité ne diffère pas de forme ; quoiqu'il y ait forme, c'est vacuité, quoiqu'il y ait vacuité, c'est forme ; ainsi en est-il des sensations, des notions, des facteurs d'existence et de la connaissance discriminative. "
" Dans la vacuité il n'y a ni forme, ni sensation, ni notion, ni facteurs d'existence, ni connaissance discriminative ; ni œil, ni oreille, ni nez, ni langue, ni corps, ni mental ; ni formes, ni sons, ni odeurs, ni goûts, ni touchers, ni mentations ; ni élément de la vue jusqu'à ni élément du mental-connaissance ; ni absence de Vue, ni cessation de l'absence de Vue, jusqu'à ni vieillesse et mort, ni cessation de vieillesse et mort ; ni malheur, ni origine, ni extinction, ni Sentier ; ni connaissance, ni obtention, ni sans-obtention ".

Hṛdaya Sūtra

*
* *

" Certainement, Ānanda, vous avez entendu, appris, fait attention, compris, correctement. Avant, aussi bien que maintenant, demeurant dans la vacuité, je demeure par cela dans la plénitude ".

Majjhima Nikāya

" Quand le Vénérable Sāriputta se fut assis à distance respectueuse, le Bhagavat lui dit : "Sāriputta, vos facultés sont calmes et votre teint est pur et radieux. Dans quel état demeurez-vous maintenant si pleinement[1] ? — Vénérable, je demeure maintenant pleinement en vacuité. — Bien, bien, Sāriputta ! Sûrement vous demeurez maintenant dans l'état des grands hommes. Car cela, Sāriputta, est l'état des grands hommes, c'est-à-dire « Vacuité »."

Majjhima Nikāya 151

[1] Bahulaṁ : beaucoup - en plénitude - extensif.

"Si quelque chose de non-vide existait, il y aurait bien un vide quelconque, mais puisqu'il n'y a rien de non-vide, comment le vide pourrait-il exister ?"

"Les Bouddhas ont dit que la vacuité était la seule sortie de toutes les vues mais que ceux qui croient à la vacuité sont inguérissables".

M. K.

23

Amour Dharmique

"Bhikkhous ! Tout moyen employé pour acquérir des conditions favorables n'a qu'une seizième part de la valeur de l'Amour. L'Amour, qui est la liberté du cœur, il rutile, il flamboie."

Les quatre faces de l'Amour Dharmique

Amour pur
Amour agissant
Amour joyeux
Equanimité.

*

"Le Bodhisattva s'assit, s'exclamant : "Que mon corps sèche sur ce siège, que ma peau, mes os, ma chair se dissolvent, mais je ne quitterai pas ce siège tant que je n'aurai pas atteint le très précieux Eveil, cherché depuis longtemps".

*

"Soyez votre propre lampe, île ou refuge.
Ne prenez pas de refuge extérieur.
Prenez fermement l'île du Dharma comme refuge.
Ne voyez pas de refuge dans quelqu'un hors de vous-même".

*
* *

24

"Je ne vois pas d'autre unique empêchement que cet empêchement de l'ignorance, par laquelle l'humanité, entravée pour un long, long temps, continue sa course et tourne en rond".

Itivuttaka

"Où l'eau, la terre, le feu, l'air ne trouvent-ils pas place ? Où (les idées) de long ou court, de subtil ou grossier, de plaisant ou déplaisant ne se produisent-elles plus ? Où le corps et l'âme, les états physiques et mentaux sont-ils entièrement arrêtés ? Voici la réponse : là où la conscience qui fait des comparaisons est entièrement abandonnée. Là, "long et court", "subtil ou grossier", "plaisant ou déplaisant" ne se produisent plus, là sont arrêtés nom et forme, états physiques et mentaux. Là, avec la disparition de la conscience, ces choses cessent".

Kevadatha Sutta

*

"Avec son cœur, il considère son cœur pur"

*

"Ouvertes les portes du sans-mort
Que ceux qui ont des oreilles aient confiance".

*
* *

25

" Par le moi seul, le mal est fait
Par le moi seul, on est souillé
Par le moi seul, le mal est évité
Par le moi seul, on est purifié
Pureté et impureté dépendent du moi
Aucun ne peut purifier un autre."

Dhammapada 165

*

"Je vous le dis, en vérité, nul ne peut mettre fin à la peine qu'en atteignant la fin de ce monde. Et maintenant je vous déclare que, dans ce corps périssable, long d'une brasse, avec ses perceptions et ses imaginations, sont contenus le monde, la cessation du monde et la Voie qui conduit à la cessation du monde."

Samyutta Nikāya

*

"Il a détruit le saṃsāra (l'errance) et il n' y a plus d'obstructions."

*

"Comme l'espace qui ne naît ni ne vieillit ni ne meurt, qui est sans mesure, ainsi Nirvāṇa…"

*

"Toutes les existences persistent par les facteurs d'existence (saṅkhāra)."

Dīgha Nikāya.

*
* *

26

"Il y a, Bhikkhous, cinq choses qui ne sont que des noms, des désignations, des manières de dire, à savoir : passé, futur, espace, individualité et Nirvāṇa."

*

"Détruite la naissance, vécue la vie sans désir, fait ce qui devait être fait, il n'y a plus d'au-delà."

*

"Quel que soit celui qui vous enseigne le Dharma du Bouddha Suprême, rendez-lui hommage et vénération, comme le Brahmane devant la flamme sacrée."

*

"Inconcevable, Bhikkhous, est le commencement de cette errance, on ne peut découvrir le premier point de départ de cette course des existences qui, égarées par l'ignorance et liées par le désir, se hâtent et se pressent dans cette ronde des renaissances."

*

"On ne peut dire que c'est vide, ni que c'est non-vide, ni que c'est à la fois vide et non-vide, ni que c'est à la fois ni vide ni non-vide, mais c'est ce que l'on dit pour en parler."

Madhyamaka-Kārikā

*

"L'objet de connaissance dans le rêve n'est plus vu lorsqu'on est éveillé. Semblablement, le monde disparaît à celui qui est Eveillé de l'obscurité et de l'ignorance."

Mahāyānavimsakam

"En dépendance du mental et des choses, la conscience-du-mental naît."

"Le mental est impermanent, les choses sont impermanentes, la conscience-du-mental est impermanente."

*

"Par le cœur le monde est conduit, par le cœur le monde est tourmenté, toutes choses viennent sous le contrôle de cet unique pouvoir."

*

"Ehi passiko"
"viens et vois"

*

"Radieux est ce cœur, Bhikkhous, mais il est obscurci par des souillures étrangères. Ceci n'est pas connu de l'homme ignorant, et pour cette raison je dis que pour l'homme ignorant, il n'y a pas de développement du cœur. Radieux est ce cœur, Bhikkhous, complètement libéré. Ceci est connu du disciple Arya instruit, et pour cette raison je dis que pour un disciple Arya instruit, il y a développement du cœur."

*
* *

"Le cœur, radieux par sa propre nature, est la pure matrice du Tathāgata"

"Le cœur, Kāsyapa, est comme l'espace et seulement souillé par les "souillures" (Klésa)."

*

"Avec un cœur [1] ouvert , il contemple le cœur radieux"

[1] Citta = psyché, mais "cœur" est la meilleure traduction.

*

"Il y a souffrance, mais nul pour souffrir
On trouve l'action, non l'acteur
Il y a paix, mais nul apaisé
Il y a un Chemin, mais nul ne chemine ."

Vimutti-Magga

*

"Ni devas, ni brahmā ne peuvent être trouvés
Ni faiseur de la Roue de la vie.
Les phénomènes vides se déroulent
dépendant tous des conditions ."

Vimuttti-magga

*
* *

"Détruite la naissance,
Vécue la vie sans désirs,
fait ce qu'il y avait à faire
Après cette vie il n'y a plus d'au-delà ."

*

"Kālāmā, il vous est propre de douter, d'être incertains... Venez, Kālāmā, pas de rapport d'exposé, pas de tradition, pas de oui-dire, pas de considération sur l'autorité des Ecritures, pas de cogitations, pas de logique, pas de raisonnement spécieux, pas de réflexion, pas d'acceptation de ce qui semble être la capacité d'une personne, pas de pensée "cet homme est notre gourou". Kālāmā, quand vous savez par vous-mêmes : "Ces dharmas [1] sont défavorables, ces dharmas sont blâmables, ces dharmas sont censurés par les sages, entrepris et observés, ces dharmas conduisent au mal, à la souffrance, alors abandonnez-les." "Kālāmā, il vous est propre de douter,...... Kālāmā, quand vous savez par vous-mêmes : "Ces dharmas sont favorables......, ces dharmas conduisent au bien, au bonheur, alors adoptez-les et y demeurez."

[1] dharma = doctrine, propositions, objets, mentations, causes, conditions, phénomènes, choses.

Kālāmā Sutta

*

"Quand, dans le vu, il n'y aura que le vu
Quand, dans l'entendu, il n'y aura que l'entendu
Quand, dans l'imaginé, il n' y aura que l'imaginé
Quand, dans le connu, il n'y aura que le connu
Alors, Bahuya, comme il n'y aura pas de « par cela »,
Il n'y aura pas de « en cela »."

*
* *

"Quand le cœur de l'homme est en paix,
Tout est en paix sur la terre et sous le ciel"

Dīgha Nikāya

*

"Hommage à toi, homme noble, hommage à toi, homme
excellent, car nous ne savons pas sur quoi tu médites"

Les Devas à Samtha

*

"Il s'y tient en ne s'y tenant pas"

*

"Etre ardent, chaste,
  voir les quatre propositions essentielles,
  "voir" le Nibbāna,
  voilà l'excellent comportement bénéfique"

"Quand le cœur ne tremble pas
  alors qu'il est touché par les conditions mondaines,
  quand on est sans chagrin, sans taches et en sécurité,
  voilà l'excellent comportement bénéfique"

Mahāmañgala Sutta

*
* *

"Toutes les accumulations aboutissent à la ruine
Toutes les élévations aboutissent à la chute
Les unions aboutissent à la séparation
La vie aboutit à la mort"

Sañjaya

*

"Des dharmas qui naissent d'une cause, le Tathāgata a proclamé la cause, ainsi que leur destruction, Lui, le grand ascète véridique"

*

"Dans l'impermanent, voir du permanent,
Cela se nomme méprise
Dans le vide, pas d'impermanent
Comment y voir du permanent ?"

*

"J'ai fait cela" : pensée puérile.

Dh.

*

"En parfaite joie nous vivons, nous qui ne possédons rien. La joie sera notre nourriture, comme aux devas rayonnants"

*
* *

"Ceux qui par une forme m'ont vu
Et ceux qui par ma voix m'ont suivi
Sont engagés dans le faux effort.
Ces gens ne me voient pas.
C'est par le Dharma qu'on doit voir les Bouddhas
Car le corps de Dharma est le guide".

Vajracchedikā Sūtra

*

"Nombreux sont les upāsaka[1], mes disciples résidant au foyer, portant le vêtement blanc, s'adonnant aux plaisirs des sens, qui conforment leur vie à l'Enseignement du Bhagavat. De tels hommes, rompant les trois premières entraves, sont "entrés dans le courant", ne sont pas sujets à renaître dans les destinées inférieures, sont sûrs de la délivrance, destinés à obtenir l'Eveil suprême.

L'upāsaka, par la rupture des trois premières entraves et la réduction du désir, de l'animosité et de l'égarement, est devenu un "ne revenant qu'une fois". Après être encore une fois revenu en ce monde, il atteindra la fin de la douleur.

Nombreux, enfin, sont les upāsaka, disciples du Bouddha résidant au foyer, portant le vêtement blanc, observant brahmācariya[2], qui, par la rupture des cinq entraves grossières, sont devenus des existences qui naissent d'elles-mêmes (dans le monde des Devas) et qui atteignent là le Nirvāṇa. Ils ne sont plus sujets à revenir en ce monde-ci."

Majjhima Nikāya

[1] Upāsaka : "Celui qui est assis auprès de" : disciple, suivant.
[2] Brahmācariya : "Se conduisant comme Brahmā", qui ne connait pas les désirs sensuels.

*
* *

33

"Un Bhikkhou peut n'avoir pas atteint dans sa propre personne les huit jhana, mais après une Vue profonde, toutes ses purulences en lui peuvent s'éteindre. Une telle personne est dite "libérée par la Connaissance Transcendante."

Majjhima Nikāya.

*

"Le mental est l'avant-coureur des conditions, le mental en est le chef, et les conditions sont façonnées par le mental. Si, avec un mental impur, quelqu'un parle ou agit, alors la douleur le suit comme la roue suit le pied du bœuf."

Dhammapada 1

"Le mental est l'avant-coureur des conditions, le mental en est le chef, et les conditions sont façonnées par le mental. Si, avec un mental pur, quelqu'un parle ou agit, alors le bonheur le suit comme l'ombre qui jamais ne le quitte."

Dhammapada 2

*

"Jamais la haine n'éteint les haines en ce monde. Par l'amour seul, les haines sont éteintes. C'est une ancienne loi."

Dhammapada 5

"La Vigilance est le sentier vers le sans-mort, la négligence est le sentier vers la mort. Le Vigilant ne mourra pas, le négligent est comme s'il était déjà mort."

Dhammapada 21

"Ce Cœur (Citta) vacillant, inconstant, difficile à garder, difficile à contrôler, le Sage le rectifie comme le faiseur de flèches rend droite une flèche."

Dhammapada 33

"Le Cœur est difficile à contenir ; rapide, il voltige où il désire. Son contrôle est bon ; un Cœur contrôlé contribue au bonheur."

Dhammapada 35

"Le Cœur est difficile à percevoir ; extrêmement subtil, il voltige où il désire. Que le Sage le garde, le Cœur gardé conduit au bonheur."

Dhammapada 36

"Avant longtemps, hélas ! ce corps gésira sur la terre, jeté de côté, dépourvu de conscience, comme une bûche sans utilité."

Dhammapada 41

"Tous tremblent devant le châtiment, tous craignent la mort. Comparant les autres avec soi-même, on ne doit jamais tuer ou être cause de mort."

Dhammapada 129

"Le moi est le protecteur du moi, car quoi d'autre pourrait être un protecteur ? Par un moi pleinement contrôlé, on obtient un refuge qui est dur à gagner."

Dhammapada 160

"S'abstenir de tout mal, cultiver le bien, purifier son Cœur, voilà l'Enseignement des Bouddhas."

Dhammapada 183

"Les hommes frappés de peur vont en maints refuges, dans les collines, les bois, les jardins, les arbres et les temples.

Mais de tels refuges ne sont pas sûr, de tels refuges ne sont pas suprêmes ; recourant à de tels refuges, on n'est pas libéré de tout mal.

Celui qui cherche refuge dans le Bouddha, le Dhamma et le Sangha, voit avec juste Connaissance Transcendante les Quatre Propositions Essentielles des Aryas."

Dhammapada 188, 189, 190.

"De l'amour naît le chagrin, de l'amour* naît la crainte, pour celui qui est complètement libre d'amour, il n'y a pas de chagrin, d'où alors, la crainte ?"

* Il s'agit de l'amour commun, psychologique, avec désirs, non de l'Amour Dharmique, pur, sans sujet ni objet, illimité.
(213 à 216 : Mêmes versets en remplaçant "amour" par "affection", "attachement", "désir sensuel", "soif").

Dhammapada 212 à 216.

"Longue est la nuit pour celui qui veille, longue la lieue pour celui qui est las, longue cette errance (saṁsāra) pour le fou qui ne connaît pas l'Excellent Dhamma"

Dhammapada 60

"J'ai des fils, j'ai des biens, ainsi le fou se tracasse. En vérité, lui, lui-même n'est pas à lui, à qui les fils, à qui les biens ?"

Dhammapada 62

"Un fou qui pense qu'il est un fou est, pour cette raison même, un Eveillé (paṇḍito). Le fou qui pense qu'il est Eveillé (paṇḍito) est appelé vraiment un fou"

Dhammapada 63

"De même qu'un roc solide n'est pas ébranlé par le vent, ainsi l'Eveillé (paṇḍito) n'est pas agité par la louange ou le blâme"

Dhammapada 81

"Meilleur que mille mots sans utilité, est un seul mot bénéfique qui pacifie celui qui l'entend"

Dhammapada 100

"Meilleure que mille versets de mots inutiles, est une seule ligne bénéfique qui pacifie celui qui l'entend"

Dhammapada 101

"Nulle part dans les airs, ni au milieu de l'océan, ni au fond d'une grotte profonde, n'est trouvé un séjour sur terre où, y demeurant, l'on ne puisse être vaincu par la mort"

Dhammapada 128

"Comme une feuille qui se dessèche, êtes-vous maintenant ; les messagers de la mort vous attendent ; vous vous tenez au seuil du déclin, et il n'y a aucun recours pour vous"

Dhammapada 235

"Il n'y a pas de feu semblable au désir, pas d'étreinte semblable à la haine, il n'y a pas de filet semblable à l'illusion, pas de flot semblable à la soif"

Dhammapada 251

"Vraiment, de la concentration naît la compréhension ; sans concentration, la compréhension s'évanouit. Connaissant ce double sentier de perte et de gain, que l'on se conduise de façon à ce que la compréhension puisse croître"

Dhammapada 282

"Il n'y a pas de méditation (jhāna) sans Connaissance Transcendante. Il n'y a pas de Connaissance Transcendante sans méditation. Celui en qui il y a Connaissance Transcendante et méditation est, vraiment, en présence du Nibbāna"

Dhammapada 372

*

"Lorsque, fervent, zélé et résolu, il naissait en moi un désir ardent, impérieux, aussitôt je disais : "Attention ! Cette pensée de passion cherche à s'implanter dans mon cœur et, en vérité elle me conduira à un préjudice pour moi-même et pour les autres. C'est une énergie destructrice de la Connaissance Transcendante, alliée à la souffrance ; elle ne conduit pas à la délivrance, au Nibbāna. En réfléchissant ainsi, cette pensée impure disparaît d'elle-même"

Majjhima Nikāya.

*
* *

"On abandonne une chose, on en saisit une autre, on suit son caprice, on reste prisonnier ; on se raccroche par ici, on se précipite par là, tel un singe de branche en branche"

*

"Si maintenant vous connaissez ainsi et voyez ainsi, irez-vous dire : "Nous honorons le Maître et, par respect pour lui, nous parlons ainsi ?"

— "Nous ne le ferons pas, Bhagavat".

— "... ce que vous dites, Bhikkhous, n'est-ce pas seulement ce que vous avez vous-mêmes reconnu, vous-mêmes vu, vous-mêmes compris ?"

— "C'est cela même, Bhagavat"

*

"Comme on lave la main avec la main, le pied avec le pied, ainsi la droiture est purifiée par la Connaissance Transcendante et la Connaissance Transcendante, par la droiture. Là où il y a Connaissance Transcendante, il y a droiture. Et la Connaissance de l'homme droit, la droiture de l'homme de Connaissance sont, de toute droiture et de toute Connaissance, celles qui ont en ce monde le plus de prix".

Dīgha Nikāya

*
* *

40

"Notre Cœur demeurera inébranlable, aucune injure ne sortira de nos lèvres, nous demeurerons amicaux et remplis de bienveillance, notre Cœur étant rempli d'Amour, libre de malice secrète, et nous enverrons à celui qui nous fait du mal des pensées bienveillantes, larges, illimitées, libérées de haine et de colère"

*

"Les sensations plaisantes et pénibles, et celles qui ne sont ni plaisantes ni pénibles sont transitoires, Aggivessana. Le disciple expérimenté, instruit, se fatigue des sensations plaisantes, se fatigue des sensations déplaisantes. S'étant fatigué, il vient à n'avoir plus d'attirance pour elles ; n'ayant plus d'attirance, il est libéré. Dans la libération vient la Connaissance : "je suis libéré, la renaissance est détruite, la vie sans désirs sensuels est vécue, ce qui devait être fait est accompli, il n'est plus rien pour moi dans ce monde"

Majjhima Nikāya.

*
* *

"Si trois choses n'existaient pas dans ce monde, aucun Bouddha n'apparaîtrait ... Quelles sont ces trois choses ? Naissance, vieillesse et mort "

"Il y a cinq choses que ne peut arriver à faire aucun ascète, aucun dieu,... aucune existence dans le monde. Quelles sont ces cinq choses ? Que ce qui est sujet à la vieillesse ne vieillesse pas, que ce qui est sujet à la mort ne meure pas, que ce qui est sujet à la ruine ne tombe pas en ruine, que ce qui est sujet à passer ne passe pas : voilà ce que ne peut faire aucun ascète, aucun dieu ... ni aucune existence dans ce monde"

Anguttara Nikāya

*

"Une seule chose j'enseigne :
la souffrance et l'extinction de la souffrance"

*
* *

FIN

DES   EXTRAITS   TOPIQUES

Les Propos
De Prajñānanda

"Le monde entier est tourmenté par les mots
et personne ne peut se passer des mots
mais pour autant qu'on est libéré des mots
on comprend réellement les mots"

Le Trésor des chants de Saraha

*

"Le Bhagavat se sert des mots,
mais n'est pas pris au piège des mots"

*

"Comparaison n'est pas raison"

*

Alors, disons des mots !
Faisons des comparaisons !

*
* *

Des comparaisons, paraboles, symboles et autres moyens d'illustration

L'ascèse dharmique est la mise en œuvre d'un ensemble de moyens physiopsychologiques, donc phénoménaux, pour faire accéder à un transphénoménal, un Absolu, défini dans les Ecritures comme un "sans-naissance, sans-création, sans-devenir, sans-conditions".

Les modalités de cette ascèse sont subtiles, difficiles à exprimer canoniquement, et parfois, une mauvaise traduction des termes, une fausse explication des techniques, peuvent conduire à une sclérose ou à des divagations.

Nous avons constamment essayé, après la rencontre d'instructeurs de diverses modalités et après longue expérimentation, de transmettre le plus clairement possible les éléments de base du Dharma, en ayant recours particulièrement à l'étymologie, pour une traduction la plus proche possible de la signification des termes Sanscrit et Pāḷi.

Mais il arrivait que des amis, des auditeurs s'exerçant avec nous, butent sur le sens de certaines expressions ; alors, une comparaison, une parabole, une image, un symbole pouvaient faire jaillir la compréhension. L'idée n'est pas nouvelle ! Déjà le grec Ménandre, général d'Alexandre, demandait au Bhikkhou Nagasena, moine bouddhique qu'il interrogeait sur le Dharma : "Donne-moi une comparaison" (Les Questions de Milinda).

Comparaison n'est pas raison, nous l'avons déjà dit, aussi n'est-il pas "raisonnable" d'attendre des images ou des paraboles

46

proposées qu'elles signifient ce que nous pourrions appeler l'intégrité de l'articulation métaphysique.

A cause de leur caractère relatif, les comparaisons que nous emprunterons pourront apparaître sous des aspects contradictoires. Ainsi, le domaine des sciences auquel nous aurons maintes fois recours, fourmille-t'il d'images fulgurantes, accessibles ici et maintenant. Mais son aspect négatif est dans l'expansion indéfinie où le chercheur risque de se perdre. On peut en effet comparer la démarche scientifique à un déplacement centrifuge sur une spirale ; en se dirigeant vers l'extérieur, on s'éloigne indéfiniment du centre de le spirale, en se condamnant à une "dispersion" toujours plus grande : un pas dans le phénoménal met en contact avec la surface ou même le cube correspondant. Ainsi, l'astronomie, après la lune, les planètes, les galaxies, etc, trouvera, indéfiniment et en toujours plus grand nombre, des objets de connaissance phénoménale. Au contraire, si d'un point quelconque de la spirale, on va vers le centre, les "distractions" phénoménales se réduisent et le centre, point zéro, image de la Transcendance, du transphénoménal, peut être connu.

Puissent donc les "illustrations" qui vont suivre (étymologiquement : ce qui éclaire), en fonction de l'idiosyncrasie de l'apprenti, d'abord dialectiquement puis en Eveil de Prajñā, la Connaissance Transcendante, faire pressentir l'au-delà des choses, l'Absolu.

*
* *

47

Les deux pubertés

La vision que l'enfant impubère a du monde, des phénomènes, diffère totalement de celle d'après la puberté. Tout se passe comme si les hormones, imprégnant tous les organes, et surtout le cerveau, changeaient, à tous les niveaux, la perception des "choses". L'enfant délègue à sa poupée, à ses fantasmes, à ses jouets, une réalité, et cette réalité, cette "choséité" changera d'objet après la puberté. L'enfant ne peut intégrer au niveau instinctif, au niveau émotionnel, au niveau intellectuel, ce qui fera après la puberté une connaissance d'adulte, toutes réserves étant faites sur cette "connaissance".

On peut supposer une seconde puberté.

Reprenons la notion de Prajñā, la Connaissance Transcendante : elle est latente dans le "manas", le mental ; elle dort dans le mental de l'enfant, elle dort dans le mental de la plupart des adultes. Mais, dormante, elle suscite des rêves : rêves enfantins, cauchemars, enchantements, chez l'impubère ; nostalgie (douleur du retour) d'un absolu, d'un au-delà des phénomènes (ces apparences), chez l'adulte non éveillé, d'où la religiosité, les mythes, les passions, voire les idéologies.

Cependant, voici que se produit la seconde puberté. La Prajñā se manifeste, elle fait reconnaître, si peu que ce soit, la nature des choses, leur impermanence, leur insatisfaction, leur inessentialité, elle fait pressentir un transphénoménal, un absolu, sans-naissance, sans-création, sans-devenir, sans-conditions. Alors, elle incite celui qui connaît ce changement à entrer dans une Voie

48

d'Eveil, situation analogue à celle de l'adolescent n'ayant pas encore les perceptions de l'adulte. Puis, la progression sur la Voie fait "accéder" aux degrés Arya par l'épanouissement de la Connaissance Transcendante.

Que peut signifier pour l'enfant le concept de Vacuité ? Chez l'adulte non encore Arya, mais qui a fait sa seconde puberté, c'est un pressentiment ; chez l'Arya, c'est compréhension transcendante et béatitude.

Pour l'enfant, l'orgasme est incompréhensible ; l'adulte l'expérimente, mais nullement l'orgasme psychique, "pṛti", le transport joyeux qui n'est connu que par ceux qui ont pu expérimenter les dhyāna et vipaśyanā.

Il est éclairant de constater que, dans les Voies authentiques, on ne peut être "initié" qu'après la première puberté. Et les éléments transcendants, mantra, techniques, etc... , ne peuvent être transmis qu'après la seconde puberté, sous peine de dérangements, voire de folie, comme cela se produirait si l'on présentait à un impubère des spectacles, des idées, compréhensibles seulement après la puberté.

De nos jours, combien "font" leur seconde puberté ?

*
* *

Méditation

"Il est assis, jambes croisées, le corps droit, la vigilance remémoratrice fixée devant lui" : qu'est-ce que cela veut dire ? "il inspire , il expire"...

Prenant une longue inspiration, je connais – le nez me chatouille ! – je prends une longue inspiration – je connais profondément "pra-jānāti" — qu'est-ce que cela veut dire ? — Ça y est, je vais éternuer, pressons la lèvre supérieure sur la base des narines, voilà, l'éternuement n'aura pas lieu – vraiment étonnante l'efficacité de ces points d'acupuncture ! Il faudrait que tous les matins je fasse une demi-heure de DO IN... Ciel ! J'ai oublié la Vigilance ! Reprenons – faisant une longue inspiration, je connais profondément – Mais que faut-il entendre par courte ou longue ? Rythme ou bien puissance du souffle ? – N'ai-je pas oublié de fermer le robinet d'eau chaude ? Il faut aller voir, mais la méditation ? De toute façon, il est impossible maintenant de continuer. Allons. Le robinet était fermé. Reprenons. Faisant une courte inspiration, je connais profondément – J'aurais dû profiter du dérangement pour consulter le dictionnaire. Je fais une courte inspiration... Voilà que le nimitta se manifeste, cette petite touche au milieu du front, n'est-ce pas merveilleux ? Il faudra alors que je devienne maître du nimitta, comme disent les commentaires, je pourrai alors gravir tous les dhyana, quelle merveille! Sot ! Tu rêves! Reprenons... ressentant tout le corps — quel corps ? — de respiration, bien sûr. Voilà, de la porte des narines jusqu'au

50

nombril. Pourquoi le nombril ? Le centre est à trois doigts au-
dessous du nombril, c'est là que s'emmagasine le "ki".

Encore ! Le mental s'est échappé !!! Et ainsi de suite...

*
* *

La sphère aux dix-mille facettes*

On pourrait comparer cet univers à une sphère, un polyèdre ayant un nombre indéfini de facettes.

Pour essayer de connaître cet univers, il y a deux façons de faire.

La première, dite scientifique, est d'examiner les facettes de l'extérieur : soit un savant placé sur un diamètre en dehors de la sphère ; tout contre elle, il verra avec précision une facette ou une partie de facette, non les autres ; s'il recule sur le diamètre, en prenant du champ, il verra d'autres facettes, mais d'une vue moins précise ; à l'infini, il saisira, au plus, le panorama de la moitié des facettes, mais il ne les "verra" plus du tout.

La seconde attitude, celle de l'Eveillé, consiste à traverser la sphère et à s'installer au centre ; là, toutes les facettes peuvent être vues, de façon égale et par leur face intérieure.

*Voir les propos dharmiques N°6, page 21, dernier paragraphe.

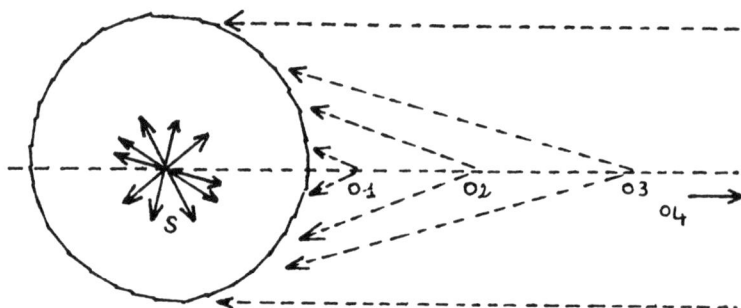

Illusion

Je me promène au crépuscule le long du ruisseau, corps et âme paisibles, tout est calme.

Tout à coup, j'aperçois un homme menaçant qui m'attend. Alors, révolution ! Mes cheveux se dressent, une sueur profuse coule, mes muscles se crispent, mon cœur bat... Mais, en un éclair, je vois que cet homme menaçant n'est qu'un saule... Alors tout redevient "normal", corps et âme retrouvent leur tranquillité.

Jusqu'à la prochaine occasion...

*
* *

Le jardin

Chacun de nous naît avec un jardin. Et tous ces jardins sont différents : les uns, vraiment très laids, ne montrent que ronces, mauvaises herbes, tas d'ordures ou de gravois ; de rares fleurs y poussent, chétives, sans parfum. D'autres sont moins repoussants, les fleurs y sont en plus grand nombre, plus belles, plus parfumées ; néanmoins, on peut encore y voir beaucoup de détritus.

Les jardiniers sont différents aussi : les uns ne se préoccupent guère de leur jardin, le voient-ils même ?

Les autres ont conscience de sa laideur, alors ils y plantent des fleurs artificielles pour cacher les horreurs, mais, avec le temps, ces fleurs perdent couleur et parfum ; aussi sont-ils obligés de les repeindre et de vaporiser des parfums synthétiques !

D'autres enfin prennent la décision de rénover le jardin : ils enlèvent les gravois, les tessons, le plus gros d'abord. Puis ils arrachent ronces, chiendent, orties. Travail difficile et long car les herbes, les plantes aux racines profondes repoussent vite et souterrainement s'étendent. Enfin, voici la dernière mauvaise herbe arrachée ; arrachée aussi les racines profondes, le jardin va pouvoir être planté de belles fleurs. Ainsi font les Sages laïcs.

Mais d'autres voient qu'il n'y a jamais eu de jardin ni de jardinier. Ils sont totalement Eveillés du rêve de l'illusion.

54

Commentaire :

Le jardin, c'est ce que l'homme apporte à sa naissance, physiologiquement et psychologiquement, beauté ou laideur, intelligence ou stupidité, par son capital génétique et, dans l'hypothèse bouddhique, par son karma.

Les fleurs artificielles, ce sont les "compensations". Tout ce qui peut conforter le moi (serait-ce en souffrant, par exemple des pénitences), religions à hypostases, systèmes politiques, arts, amitiés ou amours, etc.,.

Nettoyer, rénover le jardin, c'est entreprendre une ascèse pour éteindre le "moi". Lorsque l'ascète a compris transcendantalement l'ordre-désordre des chose, il peut vivre sagement.

Mais certains, arrivés à ce point, dans une Connaissance Transcendante ultime, "voient" le jardin et le jardinier comme des illusions.

(Cette parabole du jardin est rapportée par Hubert Benoit, mais elle est poussée ici jusqu'au point ultime.)

Nb : Voir les propos dharmiques N°6, page 13.

* *

Les plans d'existence

Notre Dharma distingue trois mondes : le monde régi par le désir sensuel (Le Dharma donne six sens : les cinq que nous connaissons, plus le mental), le monde de la forme subtile, dans lequel il n'y a plus de corps grossiers, de sens grossiers, et enfin le monde du sans-forme, encore plus subtil, où n'est plus ressentie que la pure conscience d'exister.

Ces trois mondes, figurés par des plans horizontaux, sur le schéma ci-après, sont, si je puis dire, traversés par l'axe de Transcendance.

Dans ces mondes, certaines existences vivent inconscientes, elles ne connaissent pas la constitution trine de l'homme, elles existent seulement par deux modes : physiologique et psychologique. Elles sont figurées par des vecteurs "désordonnés", non orientés.

D'autres existences ont conscience de cet axe, mais elles ne peuvent y grimper. Alors, par des cérémonies, des rites, des sacrements, des prières, elles s'orientent vers le point d'impact de l'axe, en restant dans le monde.

Enfin, d'autres, bien rares, sont portées à quitter le monde et à tenter l'ascension de l'axe, par une ascèse. Ainsi elles peuvent accéder, après avoir quitté le monde du désir sensuel, au monde de la forme subtile. Là encore, elles trouveront les trois types d'existence, et le danger est qu'elles s'arrêtent dans ce monde pour y jouir de conditions d'existence subtiles. Mais certaines ne s'arrêteront pas, elles franchiront même le plan de l'existence sans forme et arriveront à sauter, parvenues au sommet de l'axe, dans une extinction définitive.

arūpa-loka

monde du sans-forme

rūpa-loka

monde de la forme subtile

kāma-loka

monde régi par le désir sensuel

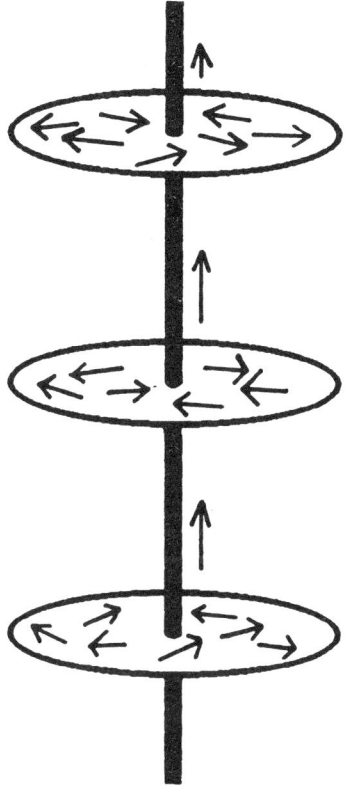

*
* *

Le bourbier

Ce monde est pareil à un bourbier plein de fange et de détritus innommables. Çà et là, pourtant, de minces courants de miel circulent dans l'ordure.

Et toutes les existences sont plongées dans ce bourbier. Nous, les hommes, nous en avons jusqu'au niveau supérieur de la lèvre inférieure.

L'indifférent, tant à l'ordure qu'au miel, reste sans réaction, comme inconscient !

Un autre ressent bien de la répugnance pour l'ordure, mais il aime le miel au point d'en rechercher les plus minces courants. Il entr'ouvre alors la bouche avec délice et la referme l'instant d'après à la fange.

Son voisin, au contraire, aime l'ordure : le voilà qui plonge pour s'en régaler !

Mais en voici un qui prend brusquement conscience de l'incongruité de la situation. Il tente d'échapper au bourbier et d'entraîner tous les autres avec lui, dans un grand mouvement généreux... Hélas! Il ne réussit qu'à agiter la fange en grosses vagues, et tous en ont plein la bouche !

A l'écart, cependant, un homme "un peu sage", doucement, sans faire de vagues, cherche à s'approcher du bord. Il voit sur la berge ceux qui ont échappé au bourbier lui tendre la main. S'il la prend et se hisse hors du marécage, il peut à son tour (et seulement alors) aider les autres à en sortir.

Commentaire :

L'ordure, la fange, c'est la souffrance, la douleur, l'angoisse, les guerres, les massacres, les tortures, les maladies, la mort des êtres chers, l'insatisfaction, les horreurs du monde... le miel, c'est l'amitié, l'amour, les arts, la beauté des choses...

Ceux qui veulent sortir les autres du bourbier, sans en être sortis eux-mêmes, sont les réformateurs, les politiques, les chefs religieux, les leaders de partis..., dont l'action a souvent pour effet d'augmenter le malheur de ceux qu'ils voulaient sauver.

Les "un peu sages" sont les hommes qui, entrés dans une Voie et y progressant, s'approchent de la "rive" — le sans-naissance, sans-devenir, sans création, sans-conditions — l'Absolu, le transphénoménal, aidés par ceux qui l'ont déjà atteinte. S'ils "ar-rivent", ils pourront à leur tour aider les autres : "Délivré, délivre ; passé sur l'autre rive, fais-y passer les autres."

Et ne croyez surtout pas que se trouver dans un courant de miel soit plus favorable : combien d'existences, comblées par la fortune, sont malheureuses et finissent par le stupide suicide !

*
* *

Le lac

La Connaissance Transcendante, Prajñā, est comme la vue claire du fond d'un lac.

Cette vue est troublée à la fois par les vagues de la surface et par les sources qui sourdent du fond du lac, faisant bouillonner la surface et entraînant des boues et des sables.

Quelquefois, bouillonnements et vagues sont en phase : alors le trouble est au maximum.

Pour que l'eau devienne transparente, il faut que s'apaisent les vagues et que s'assèchent les sources.

Commentaire :

Le lac est le cœur (le citta). les vagues sont les pensées, idées, rêveries, projections que le mental souffle à sa surface : le cœur est alors dis/trait, troublé, dérangé, séduit ou contrarié.

Les sources, ce sont les pulsions inconscientes qui font monter à la surface du cœur des tourbillons. Ces pulsions sont les "āśrava", les purulences, et les tourbillons, les "anuśaya" : les climats et aussi les intentions, les convoitises.

La Vue pénétrante, "Vue des choses telles qu'elles sont", n'est possible que si le cœur est "composé", attentif, vigilant, et si les pulsions : vouloir ressentir, vouloir exister, vouloir ignorer, sont asséchées par une catharsis de l'inconscient, l'ascèse agissant non pas sur les purulences, inaccessibles, mais sur les tourbillons qui, eux, sont perceptibles.

*
* *

Le cube

Soit un cube : considérons une de ses diagonales et un plan perpendiculaire à cette diagonale. En faisant se déplacer le plan pour qu'il coupe le cube, nous aurons successivement comme sections : un point, des triangles, des hexagones, des triangles et un point. Comment, en ne voyant que ces sections, pourrait-on imaginer le cube ?

Que dire de l'intersection d'une hypersphère de la quatrième dimension par un hyper-plan de la quatrième dimension, cette intersection étant une sphère !

Il en est ainsi du phénoménal : l'homme ignorant opère à chaque instant une coupe et prend le résultat pour une vision complète et vraie.

Alors que l'Eveillé, par une vision synthétique (samādhi = synthèse, étymologiquement), connaît ce monde comme il existe réellement.

*
* *

Phénomènes

Le monde peut être représenté par une grande fonction :
$y = f (x, y, z, \ldots$ alpha, bêta, gamma, $\ldots$ pa, pha, ba, bha, $\ldots$),
le nombre des variables étant infini. Ces variables sont co-variantes, c'est-à-dire que la variation de l'une d'elles fait varier toutes les autres ; ce sont des fonctions de fonctions, et la fonction est fonction d'elle-même.

On sait qu'une fonction du deuxième degré à une inconnue peut avoir deux racines, du troisième degré, trois, etc... Dans notre fonction du monde, le degré et le nombre d'inconnus sont infinis, le nombre des racines l'est donc aussi. Il est déjà bien difficile de sortir les racines d'une fonction d'un degré supérieur au deuxième (de nos temps, un ordinateur, par itération, "essaie" une valeur en une pico ou nanoseconde, si bien qu'il est possible, pour un degré fini, de sortir les racines, mais ici, c'est impossible, le nombre des racines étant infini). Par conséquent, la fonction du monde de l'Ordre-désordre des choses, renferme toutes les "compossibilités non manifestées" d'où peuvent sortir, par probabilité, toutes les compossibilités manifestées.

Une "compossibilité", nous l'entendons par la sortie d'une racine possible avec les autres possibles. Serait, par exemple, une impossibilité, un homme homothétique de l'homme ordinaire qui aurait, disons, six mètres de hauteur, car le poids variant comme le cube de la taille et la plante des pieds comme seulement le carré, pour une certaine hauteur, il y aurait écrasement de la voûte plantaire !

On voit donc que tout ce qui est phénoménal, si subtil que ce soit, est parfaitement déterminé.

Comment, dès lors, sortir des conditions ? En passant "au-delà" des conditions. Et pour passer au-delà, aucune condition n'est nécessaire, mais il y a des conditions préférentielles.

En fait, de quoi s'agit-il ? D'annuler la fonction, de faire $y = 0$, annulation qui n'est autre que l'acmé de la Transcendance. La Voie octuple : éthique, techniques et Connaissance Transcendante, donne les conditions préférentielles, et pour commencer, les moyens de "faire-devenir" les pouvoirs potentiels (indriya) en forces (bala).

*
* *

Continu et discontinu

Quelle stupide querelle fait s'affronter les tenants de ces "écoles" bouddhiques dont les unes prônent la progression continue de l'ascèse, les autres les Eveils abrupts !

Ne savent-ils pas qu'en toutes "choses", il y a continu et discontinu ? Et la Voie qui conduit au-delà des choses est une "chose" : le Dharma.

N'est-il pas bien établi que la lumière est de nature discontinue –les photons étant des quanta, des grains d'énergie – mais aussi de nature continue, puisque l'onde "psi" guide la répartition des photons dans l'espace ?

Voyez le corps : une cellule du foie meurt, une cellule du foie naît – discontinu – mais cette cellule qui naît est guidée par le code génétique – continu.

Voyez aussi le cœur (le citta) : une pensée meurt, une pensée naît – discontinu – mais cette pensée nouvelle est générée en fonction de la mémoire consciente et inconsciente – continu.

Et on peut appliquer à l'ascèse ces modes discontinu et continu. Je m'efforce "continuellement" dans l'ascèse et à un certain "moment", il y a éclair, Eveil abrupt, discontinu.

On peut aussi appliquer à l'ascèse la comparaison avec l'oscillation de relaxation, par exemple la charge et la décharge d'un condensateur. La charge est pour ainsi dire continue, lente ; la décharge est abrupte, immédiate, discontinue. De même, dans le grincement d'une porte qu'on ferme : continue est la tension, discontinu le grincement.

On pourrait aussi comparer l'ascèse à la surfusion : voici du sulfate de cuivre anhydre, je le chauffe ; à une certaine température, le sulfate fond, devient complètement liquide. Si la température baisse au-dessous de celle de fusion, le sulfate reste liquide, mais si on jette un minuscule cristal de sulfate, le liquide se solidifie instantanément en masse. La fusion est l'ascèse, la solidification est l'Eveil.

Encore une comparaison : serrons une lame d'acier dans les mors d'un étau. Si je la lache après l'avoir écartée de sa position d'équilibre sans forcer, la lame oscillera et reviendra à sa position ou peu s'en faut. Mais si je force la lame au-delà d'une certaine position, le métal deviendra écrouï et jamais la lame ne reviendra à sa position primitive. Forcer la lame est l'ascèse, la position irréversible est l'Eveil.

Encore une image du continu et du discontinu : la théorie de ce que l'on nomme en mathématiques "catastrophe". En voici un exemple physique : supposons une rivière qui serpente dans une large vallée. Par l'érosion continue des berges, il peut arriver que, brusquement, abruptement, elle "tombe" dans un autre lit, irréversiblement. L'érosion figure l'ascèse, le changement de lit, la "catastrophe", l'Eveil.

Mais continu et discontinu sont des complémentaires exclusifs, on ne peut voir les deux en même temps. Si vous êtes sur un col de montagne, quand vous voyez un versant vous ne voyez pas l'autre.

*
* *

Le cobra

Si le "retiré du monde" peut avoir une attitude complètement "in-différente" vis à vis des phénomènes, il n'en est pas de même de l'upāsaka (littéralement, "celui qui est assis auprès de"), le disciple laïc, qui doit satisfaire la partialité positive de l'ordre-désordre des choses, dans lequel il est encore impliqué.

Pour essayer de faire comprendre cette attitude, nous conterons brièvement l'histoire du cobra.

Un certain cobra, conscient de son agressivité, voulait devenir bienveillant. Il alla trouver un bhikkhou et lui demanda ce qu'il fallait faire pour devenir plein d'amour. Le bhikkhou lui donna toutes indications pour "faire-devenir" l'Amour bénévolent, une technique Dharmique bien connue.

Le cobra, dans un lieu tranquille, se mit donc à exercer le développement de l'Amour.

Survint alors une bande de gamins qui, d'abord effrayés à la vue du cobra, s'enhardirent jusqu'à le tourmenter avec un bâton. Et comme le cobra, toujours exerçant la bienveillance, ne réagissait pas, les gamins lui percèrent la queue, y passèrent une liane et le traînèrent sur le sol.

Le lendemain, le bhikkhou, passant devant l'endroit que le cobra avait choisi comme lieu de méditation, le vit perclus, inerte, quasi mort. Interrogé, le cobra lui conta son aventure. Alors le bhikkhou s'écria : "Certes, tu dois exercer la bienveillance, mais en de pareilles circonstances, il te faut dresser ton capuchon et siffler un peu ! "

Par-dessus ou par-dessous

Le silence de l'Eveillé	–	le silence de l'ignorant
L'inaction de l'Eveillé	–	l'inaction de l'ignorant
La chasteté de l'Eveillé	–	l'impuissance de l'ignorant
La parole de l'Eveillé	–	les paroles de l'ignorant
Le jeûne de l'Eveillé	–	le jeûne de l'ignorant
Etc…		

*

Tant que l'on est en vie, on ne peut connaître la mort. Et quand on est mort, qui peut connaître la mort ? Alors, pourquoi s'effrayer ? Cet effroi n'est qu'un piège parmi les pièges de la partialité positive de l'Ordre-désordre des choses, tout comme le sont les jouissances.

*

Le mal que je voudrais faire, je ne parviens plus à le faire !
Et le bien que je voudrais ne pas faire, je suis obligé de le faire !

*
* *

Il n'y a "rien" à faire pour accéder à l'au-delà des choses, au *sans-naissance, sans-devenir, sans-création, sans-conditions.* Il ne faut qu'abandonner, éteindre, mais ô difficulté, avec beaucoup d'énergie !

Laissez tomber avec force
Abandonnez avec énergie
Lâchez prise avec ardeur.

*

" Il faut toujours raison garder".

"La vie est une branloire pérenne".

Montaigne

*

Les trois mots-clés pour la respiration d'accumulation du prāṇa :

Longuement
Puissamment
Consciemment

*
* *

Le jeûne est une exaltation pour les uns,
un poison pour les autres.

La solitude est une exaltation pour les uns,
un poison pour les autres.

La chasteté est une exaltation pour les uns,
un poison pour les autres.

La méditation est une exaltation pour les uns,
un poison pour les autres.

Et ainsi de suite…

Mais alors, que faire, que ne pas faire ?

"Connais-toi toi-même et tu connaîtras l'univers et les dieux"
"C'est l'aboutissement et je ne suis qu'au départ"
"Essaie et vois, effort sans contrainte"

*

Soyez forts
Soyez tendres
Soyez sages
Et n'oubliez pas d'être heureux…

*
* *

Le scorpion et la grenouille

Un scorpion voulait traverser une rivière. Il avise une grenouille et lui demande de le transporter sur son dos. La grenouille, sachant le scorpion dangereux et même mortel, hésite ; mais, considérant que le scorpion se condamnerait à mort s'il la piquait pendant la traversée, elle accepte de le transporter. Le scorpion monte sur son dos et au milieu du fleuve, la pique ; mourante, elle lui dit : "pourquoi m'as-tu piquée, ne vois-tu pas que tu vas mourir noyé ? " Et le scorpion répond : "Je le sais, mais je n'ai pas pu m'en empêcher ! "

*

"Brise tes carapaces,
tisse le cocon de soie transparent
dans lequel mûrira l'insecte parfait"

*
* *

La tortue et le poisson

Un poisson avait pour amie une tortue. Un jour, elle lui dit :

- Je viens d'aller faire un tour sur la terre.
- La terre ? dit le poisson. Qu'est-ce ? C'est transparent ?
- Non.
- Il y a des algues, des coquillages ?
- Non.
- Voyons, vous me faites des contes, votre terre n'existe pas !
- Bien, bien, dit la tortue, Je vais faire à nouveau un tour sur la terre.

*

Il y a deux Connaissances Transcendantes :

l'une, Connaissance de l'au-delà des choses dans les choses : *laukika Prajñā* ; l'autre, Connaissance de l'au-delà des choses par-delà les choses : *lokottara Prajñā*.

*
* *

Chaîne d'or des vertus, chaîne de fer des vices : chaînes.
Mais les chaînes d'or sont plus faciles à briser que les chaînes de
fer ! Deuxième lien : croire que l'observation des règles éthiques,
des rites et des cérémonies, amènera la Libération.

*

Le mal du mal

Le mal du bien

Le bien du bien

Le bien du mal

Et ainsi de suite...

*

" N'ayez pas peur, il n'y a rien à espérer !"

*
* *

Les ludions

Ces petits personnages en verre creux, lestés, sont immergés dans le liquide d'un bocal qui est fermé par une membrane séparée du liquide par une couche d'air. Les ludions coulent et reposent sur le fond, ou bien se tiennent à la surface. Occupons-nous de ceux qui sont au fond. Si l'on soulève la membrane, les ludions s'élèvent et s'étagent en fonction de leur masse volumique. La membrane doit sans cesse être mue pour donner un effet de rétroaction qui maintient les ludions à leur niveau, les fait monter ou descendre.

C'est une bonne illustration de l'effet du Dharma sur les existences. Le Dharma, comme la membrane, peut "soulever" les existences, les faire monter à des niveaux différents de Connaissance Transcendante. Certaines, trop lourdes, ne peuvent quitter le fond; d'autres, plus légères, monteront jusqu'à un certain niveau; d'autres, encore plus légères, rejoindront les ludions qui flottent, les Ārya.

*
* *

"Tu peux dompter un éléphant fou
Tu peux fermer la gueule de l'ours ou du tigre
Tu peux chevaucher un lion
Tu peux jouer avec un cobra
Avec l'alchimie, tu peux prolonger ta vie
Tu peux parcourir le monde incognito
Tu peux faire des dieux tes vassaux
Tu peux marcher sur les eaux, vivre dans le feu.
Mieux vaut contrôler ton cœur
et c'est beaucoup plus difficile"

de source inconnue...

*

V.I.T.R.I.O.L.U.M.

"Visita
Interiora
Terrae
Rectificando
Inveni
Occultum
Lapidem
Veram
Medicinam"

*
* *

Dhyāna est un trésor où l'on garde Prajñā
C'est le champ favorable aux qualités
Dhyāna est une eau pure
Qui peut laver les souillures du désir.

Dhyana est une armure de diamant
Qui arrête les flèches des passions
Même s'il n'y a pas Nirvāṇa sans restes,
On est en chemin.

Quand on opère la concentration de diamant
On brise la montagne des entraves
On obtient la force des six savoirs supra-normaux
On peut sauver d'innombrables hommes.

Une grande pluie peut abattre
Le tourbillon de poussière qui cache le soleil
De même Dhyāna peut dissiper
La poussière de vitarka-vicāra qui distrait le Cœur.

Mahā prajñā pāramitā śāstra

*
* *

Si, au prix de ma vie,
je pouvais nourrir tous les affamés du monde, je le ferais.
Cela ne les empêcherait pas de tomber malades.

Si, au prix de ma vie,
je pouvais guérir tous les malades, je le ferais.
Cela ne les empêcherait pas de mourir.

Si, au prix de ma vie,
je pouvais les rendre immortels, je le ferais.
Cela ne les empêcherait pas de souffrir, de se tourmenter, de se désirer, de se haïr, d'être aveugles, ignorants, de se blesser les uns les autres, de se torturer, etc..., etc...

Que faire alors ?

Leur donner le plus haut service. D'abord, s'Eveiller soi-même du sommeil de l'ignorance, de l'illusion, arrêter les rêves du faux-moi, connaître les choses telles qu'elles sont. Puis, à ceux qui le veulent et le peuvent, exposer la Voie, enseigner les techniques; les conduire vers la Libération, l'Absolu, l'extinction, la béatitude.

" Libéré, libère

Passé sur l'autre rive, fais-y passer les autres"

*
* *

76

" Tout ce qui est conditionné est impermanent.
Quand il voit cette Vérité par la Connaissance,
Il éteint la douleur. Ceci est le Sentier de la pureté.

Tout ce qui est conditionné est insatisfaisant.
Quand il voit cette Vérité par la Connaissance,
Il éteint la douleur. Ceci est le Sentier de la pureté.

Tous les dharmas sont sans essence.
Quand il voit cette Vérité par la Connaissance,
Il éteint la douleur. Ceci est le Sentier de la pureté "

*

Il y a trois manières de se comporter vis-à-vis des phénomènes,
quels qu'ils soient :

Retenir
Laisser aller
Pousser.

*
* *

Dans mon jeune âge, je me baignais souvent dans une certaine rivière. Un jour, je sentis que je coulais, que je ne pouvais me maintenir à la surface de l'eau ; ne sachant ce qui m'arrivait, j'agitais frénétiquement bras et jambes, en vain. Je compris soudain que j'étais pris dans un tourbillon. Cessant alors tout mouvement, je me laissai aller et, après avoir été aspiré, me retrouvai hors du tourbillon. Admirable leçon !

Laissez-vous aspirer sans vous débattre par la spirale cosmique, le tourbillon de l'ordre-désordre des choses, et réapparaissez, libres. Se débattre, c'est aller vers l'épuisement et la mort ; se laisser aller consciemment, c'est échapper au tourbillon et retrouver la liberté.

*

"Le Bodhisattva pratique, conjointement et tour à tour, les moyens habiles, favorables, et la Connaissance Transcendante. Par les premiers, il se mêle étroitement au monde et multiplie les stratagèmes pour amener les existences au Dharma, par la seconde il va au-delà des choses du monde et tend vers le Suprême et Parfait Eveil "

*
* *

"Elever un cœur au-dessus de son niveau naturel est un acte dangereux. Les cœurs, comme les eaux, ont leur lit naturel ; les forcer à le quitter est un acte contre-nature et, par conséquent, dangereux. Car, lorsque le cœur se voit faire violence, il cherche à reprendre son propre niveau et il se disloque, tiraillé entre les niveaux supérieur et inférieur. La véritable sagesse est de peser et jauger un cœur et de le laisser vivre là où il a sa place"

Peut-être, mais on ne doit pas être trop prudent. Peser et jauger est l'affaire de Prajñā, la Connaissance Transcendante ; si elle n'adombre pas la connaissance du cœur, aucune action ne doit être entreprise ; si Prajñā "commande", il faut essayer l'ascèse, dût le cœur être "tiraillé" ; de là viendront peut-être Transcendance et Eveil.

*

Ne pas siffler plus haut que sa gorge.
Qui veut faire l'ange peut faire la bête.
Doucement, doucement, pour attraper le singe !
Hâte-toi lentement, c'est urgent !

*
* *

La tarte

Dans ma jeunesse, je campais avec un camarade et nous avions décidé d'acheter une tarte pour un de nos repas. Revenus de chez le pâtissier avec une tarte de bon aspect, nous y mordons. Horreur ! Son goût aigre et acide, salé et fade nous indigna. Le pâtissier, c'est sûr, avait oublié le sucre, employé de la vieille farine, ou alors c'était une vieille tarte rassise ! En lui représentant combien sa conduite était scandaleuse, nous lui rendons la tarte. Il la prend, la goûte : "Mais cette tarte au fromage est très bonne!" – "Ah ! C'est une tarte au fromage ? Alors oui, elle est très bonne !" Et nous reprenons la tarte, laissant le pâtissier bien perplexe.

*

"La joie, le bonheur qui dépendent de quelqu'un ou de quelque chose sont bien fragiles, bien pauvres. La béatitude ne s'appuie sur rien ni personne "

*

Dans l'œil du cyclone : parfaite tranquillité.

*
* *

Vous êtes entrés dans une ronde, ô mes amis, dont vous ne pourrez vous échapper que par le centre, ronde privilégiée, centripète, alors que la ronde des profanes, centrifugiquement, rejette sans fin et toujours plus loin.

*

Fût-on un Bouddha,
on ne peut échapper à la maladie,
à la vieillesse et à la mort.

*

Il faut quelquefois,
et pour qu'il aille jusqu'au bout,
confirmer quelqu'un dans sa propre stupidité.

*

Voici venu le temps où tout passé s'efface.
Voici venu le temps où tout futur s'éteint.
Le temps ? Quel temps ?

*
* *

Le libre jeu des contractions est empêché par les contractures, les crampes.

Dans ma jeunesse, les autobus avaient une plate-forme arrière ; il était de mode pour les jeunes de sauter avant l'arrêt. Un jour donc, je saute, mais je glisse sur les pavés (en ce temps les rues étaient pavées) et me cramponne au barreau vertical. L'autobus repart et me voilà traîné, le coccyx rebondissant sur les pavés, jusqu'au moment où je me suis dit : "lâche la rampe!" Mais le coccyx était fêlé...

*

Oui, OUI ! vous avez vu qu'en fait le serpent était une corde; mais avez-vous vu que la corde n'était qu'un assemblage de brins, eux-mêmes un assemblage de fibres, elles-mêmes...

*

Positif du positif
Positif du négatif
Négatif du positif
Négatif du négatif

Et ainsi de suite...

*
* *

On pourrait dire qu'en l'homme il y a trois "sphères", plus ou moins développées :

1. La sphère des corps de chair et de prāṇa : la somatosphère.
2. La sphère du cœur : la psychosphère.
3. La sphère de Sagesse : la sophiosphère.

Et toutes ces sphères s'interpénètrent.

C'est pourquoi il est dit :

" *Asevanā ca bālānam paṇḍitānam ca sevanā* "
Ne pas fréquenter les fous, mais fréquenter les sages.

Les somatosphères, les psychosphères souillées, souillent ; les sophiosphères ne sont jamais souillées.

"On est bien à ton ombre", disait Rahula au Bouddha, son père. Si le mot "sphère" ne vous plaît pas, prenons le terme "champ", c'est-à-dire "partie d'espace où se manifestent des propriétés particulières". Il y a donc le champ des corps, le champ des âmes, et le champ de Connaissance Transcendante.

Et si vous êtes Bodhisattva, que vos sphères, vos champs purs, purifient sphères et champs souillés, mais prenez bien garde !

*
* *

La Vérité ultime (paramartha satya) est indicible ; toutes les opérations mentales, les actes, les paroles, mêmes vrais, ne le sont que relativement, incomplètement, Saṁvritti satya : L'essentialité avec "tourbillons".

*

Prends bien garde aux mots. "Le Bhagavat se sert des mots mais n'est pas pris au piège des mots". Refère-toi à Saraha ; le mot réjouit, le mot blesse l'homme commun.

*

" E pericoloso sporgersi ! "

*

"Tout ce qui est sensible n'a pas d'importance"

Thérèse d'Avila

*
* *

L'homme commun a trois états de conscience : le sommeil profond, reflet de sagesse, le sommeil paradoxal avec rêves (compensateurs de l'inconscient), l'état de veille qui, sauf pour l'Eveillé, est un autre état de rêve !

L'homme sage, l'Eveillé, peut connaître huit autres états de conscience, les dhyāna, états heureux de l'existence, et un neuvième état : la cessation, nirodha, cessation quasi complète des activités du corps et du cœur (citta), mais non irréversible et préfiguration du Nirvāṇa, l'extinction totale des facteurs d'existence, irréversible.

*

Le dharma n'est pas un marché de dupes ; certes, on abandonne les plaisirs et les jouissances du monde, mais ils sont remplacés par les jouissances très subtiles des Dhyāna et la béatitude du *"sans-naissance, sans-devenir, sans-création, sans-conditions"*.

*

Ne pas regarder, voir
Ne pas écouter, entendre
Ne pas penser, savoir.

*
* *

Complémentaires et opposés

L'homme et la femme sont complémentaires et opposés.

L'homme est vertical, la femme horizontale, l'homme est fort, la femme est tendre, l'homme est de feu, la femme d'eau. Mais ce n'est qu'une approximation car dans l'homme il y a de la femme et dans la femme il y a de l'homme. Combien difficile que les creux soient comblés complètement par les bosses ! Et encore plus difficile pour l'homme de trouver la femme qui est en lui et pour la femme de trouver l'homme qui est en elle.

Femme, reine de l'Ordre-désordre des choses, elle pond, couve, nourrit, élève, assurant la partialité positive de l'Ordre-désordre, femme qui, par sa haute fonction, est plus conditionnée que l'homme, simple semeur de pollen.

*
* *

Polarités

On pourrait, grossièrement, comparer l'homme et la femme à deux pendules de moelle de sureau en présence. Si l'on charge une boule de moelle positivement et l'autre négativement, elles s'attirent ; mais, au contact, elles deviennent neutres et se séparent. On peut supposer que, de nouveau, une sphère se charge positivement et l'autre négativement : le processus recommence. Quelquefois, une sphère neutre masculine croiser une charge positive extérieure, et il y aura attirance : c'est l'ami. Il en est de même pour une sphère féminine qui va vers l'amie. Mais au contact, les pendules neutres deviendront respectivement positif et négatif, d'où attirance, jusqu'à la neutralité. Ainsi peut-on imager ce balancement : homme vers femme, homme vers homme, femme vers femme, femme vers homme.

*

Il n'y a pas d'hommes-hommes-hommes, voyez ces mamelons!
Il peut y avoir des hommes-hommes-femmes ou des hommes-femmes-femmes.
Il n'y a pas de femmes-femmes-femmes, voyez ce clitoris !
Il peut y avoir des femmes-femmes-hommes ou des femmes-hommes-hommes.

*
* *

"Celui qui prend les mesures d'un autre se creuse un abîme"

*

Prenez garde! On ne peut parler à un homme commun comme on parlerait à un homme sur la Voie. Si un homme ouvrait avec un couteau le ventre de la poupée chérie par la petite fille pour lui en montrer le vide, ce serait une catastrophe pour cette enfant ; elle pourrait en ressentir un immense chagrin. Soyez prudent ! Ne démolissez pas la maison de l'homme commun.

*

L'Amour agissant (la compassion) doit être éclairé par la Connaissance Transcendante, sinon il peut conduire aux plus funestes conséquences. Le Bodhisattva, dit-on, s'est donné en pâture à la tigresse ; ses petits n'ont-ils pas par la suite tué les villageois voisins ? Certainement non, car le Bodhisattva, l'aurait su…

*

Avez-vous remarqué que la posture de méditation en lotus est proche du tétraèdre, le solide le plus stable, le plus simple ?

*
* *

Bulles

"Śūnyata", quand ce terme s'applique aux phénomènes et que l'on traduit par "vacuité", le serait mieux par "bulléité". Tout est bulle. Tout naît, se développe et meurt.

Il est de belles bulles, transparentes, éclatantes de lumière : les Bouddhas, les Arhats, les Bodhisattvas.

Il est des bulles encore bien sphériques, mais moins transparentes ; à leur surface se voient des irisations, des défauts : ce sont ceux qui sont sur la Voie.

Quant aux Bouddhas, aux Arhats, leur bulle, dont il est difficile de soutenir l'éclat, d'imaginer la splendeur, s'évanouit à leur mort. Bulles donc, mais bulles "telles". A la vacuité doit être jointe la "telléité", et ces bulles doivent être l'objet de l'Amour pur, de l'Amour agissant, de l'Amour joyeux et de l'Equanimité, Amour aux quatre faces, illimité. Le Bodhisattva doit œuvrer sagement sur les bulles, d'abord pour les embellir, puis pour les rendre transparentes sur la Voie de l'Extinction. C'est pourquoi, par sa détermination il reste bulle, mais si fine qu'elle est quasi dissoute.

Il y a aussi "Śūnyata", la totale Vacuité, non pas comme caractéristique des choses, mais en tant qu' extinction : "Dans la Vacuité, il n'y a ni formes, ni sensations, ni notions, ..." comme l'exprime le Hṛdaya Sūtra.

*
* *

A l'anormalement anormal les angoisses, les anxiétés, les pulsions délirantes, les psychothérapies, les koans, les coups de bâton.

Au normalement anormal les techniques douces et profondes comme Ānāpānasmṛti, les dhyāna.

*

L'homme commun identifie le spectateur au spectacle.

L'homme sur la Voie sépare le spectateur du spectacle.

L'Eveillé a supprimé le spectateur, donc le spectacle.

*

L'homme commun ∇^3 ne sait pas qu'il ne sait pas.

L'homme qui a fait sa seconde puberté ∇^2 sait qu'il ne sait pas.

L'homme qui est sur la Voie ∇ cherche à savoir.

L'Arhat, l'Eveillé, sait.

∇ = cunnus : con

*
* *

L'escargot

Trois moines se promenaient dans le jardin d'un monastère Zen. L'un d'eux, voyant dans l'allée un escargot qui risquait d'être écrasé, le prend et le pose dans une plate-bande. "Voici comment il faut se comporter", dit-il. "Par notre Amour pour tout ce qui est vivant, j'ai sauvé l'escargot". Le deuxième moine dit : "Très bien, mais si tous agissent ainsi, comme il y a beaucoup d'escargots, il n'y aura plus de légumes, donc plus de monastère, donc plus de moines; il fallait laisser l'escargot à son Karma". Le troisième moine dit : "Qui a raison ? Allons demander au Maître".

Le premier dit au Maître :

— "Rencontrant un escargot dans l'allée, je l'ai mis dans une plate-bande, parce qu'il risquait d'être écrasé".

— "Tu as raison", lui dit le Maître.

— "Non", rétorqua le deuxième, "si tous agissent ainsi, il n'y aura plus de légumes et le monastère pourra fermer ses portes".

— "Tu as raison", lui dit le Maître.

— "Mais enfin, ils ne peuvent avoir raison tous les deux !" dit le troisième.

— "Toi aussi, tu as raison", dit le Maître.

*
* *

Les brigands, le tigre, les souris et les fraises

Un homme est poursuivi par cinq brigands. Il s'enfuit et bientôt se trouve au bord d'un précipice. Heureusement, une liane pend, il s'en saisit et descend. Regardant vers le bas — horreur ! il voit un tigre qui l'attend. Regardant vers le haut — catastrophe! deux souris, une blanche, une noire, grignotent la liane. Mais, quelle est cette odeur suave ? Devant lui, un fraisier offre ces fruits mûrs et odorants. "Quel délice !" s'écrie-t-il en mangeant les fraises.

Les cinq brigands pourraient bien être les cinq agrégats,
le tigre, la mort,
les souris, les jours et les nuits qui grignotent la liane de vie,
et les fraises ont la fragrance des joies de l'existence !

*

Connaissez-vous le piège aux singes ?

Ayez une noix de coco ouverte, attachez-la solidement à un arbre et remplissez-la de cacahuètes. Alors un singe, passant la main par l'ouverture saisira une poignée de cacahuètes ; vous pourrez l'attraper, sa main fermée est coincée et il ne l'ouvrira pas pour ne pas lâcher les cacahuètes.

De même l'homme, pris aux pièges du monde, s'y cramponne et ne songe pas même à se libérer.

*
* *

Demain, je serai sage…

*

Laissez-moi, encore une fois, jouir…

*

Fata viam inveniunt
Karma viam inveniunt
Les destins suivent leur chemin
Les Karmas trouvent leur chemin
"Je l'attends ce soir à Samarcande".

*

"Exultate, jubilate, o vos animae beatae"

*
* *

C'est un engrenage, tu y mets le doigt et tout le reste y passe ! Fais l'amour une fois, il est bien possible que tu te retrouves époux, père (écartons l'hypothèse du virus h.i.v!). Dorénavant, impossible la vie libre. Bien sûr, beaucoup de joies par la femme, les enfants... Mais, de ce positif sortira le négatif : opposition des caractères, disputes, inquiétudes, soucis. Souviens-toi du Sutta du berger ; Māra lui dit : "Celui qui a des fils prend plaisir à voir ses fils, celui qui a des vaches prend plaisir à voir ses vaches ; en la substance est le plaisir de l'homme. Qui n'a pas de substance n'a pas de plaisir". Et le Bouddha répond :"Celui qui a des fils prend souci à voir ses fils. Celui qui a des vaches prend souci à voir ses vaches ; en la substance est le souci de l'homme, et qui n'a pas de substance n'a pas de souci".

Mais peut-on choisir ? "karma viam inveniunt". Tout dépend des conditions formées par les saṁskara, accumulés depuis des temps sans commencement.

Le Dharma est comme un serpent : pris par la queue, il se retourne et mord.

L'ascèse solitaire peut être un poison pour qui n'a pas les qualifications nécessaires.

Et, même l'homme et la femme au foyer peuvent devenir Ārya.

Et, même les scènes de ménage peuvent concourir à la libération!

*
* *

94

Mantras et āśravas

Vous connaissez le sens étymologique de mantra : "man" = mental, "tra" = libération. D'où "libération par le mental". Les mantras sont composés de paroles de force qui viennent d'un temps inconnaissable, probablement découvertes par les premiers hommes qui surent se libérer de leur condition phénoménale pour "re–joindre" le sans-naissance, sans-devenir, sans-création, sans–conditions.

Le mantra a une triple influence : sur le physiologique, par la vibration des sons (quand il est correctement prononcé), sur le psychologique par la compréhension dialectique, et sur le mode d'articulation métaphysique où il peut – et même doit – provoquer le dépassement du phénoménal, faire accéder à l'Eveil, à la Connaissance Transcendante, sans expression.

Supposons que l'on ait donné à une femme un superbe diamant ; elle le porte avec un sentiment de "précieux", elle l'admire, elle le tient secret pour éviter qu'il ne soit souillé ou volé. De même, le mantra doit toujours être "porté", gardé il doit être aimé, contemplé, admiré. Un diamant est un caillou, comparé à ces paroles de Sagesse, profondes, suprahumaines. Autre image : le mantra est le poteau auquel est lié ce cheval fou qu'est le mental. Autre encore : c'est le "rappel" de l'alpiniste pour assurer sa progression.

C'est aussi un remède à tous les maux : le corps est rendu plus léger par sa contemplation, sa répétition, le cœur attentif, pacifié, accessible. Celui qui a reçu un mantra est, pour ainsi dire, armé, il porte une cuirasse, contrairement à l'homme commun, nu, désarmé, exposé aux attaques extérieures et intérieures.

Le mantra agit donc sur le conscient comme un rappel, une référence, une incitation. Il agit sur l'inconscient pour satisfaire le surconscient qui pressent l'Absolu, afin de purifier le subconscient, souillé par les purulences, les āśrava.

Mais comment assécher ces purulences, puisque la plupart du temps elles sont cachées, inconnaissables, muettes ? Voici une comparaison : j'ai fait un jardin dans la forêt et, pour ce faire, j'ai coupé des arbres, des frênes en particulier. Or, les frênes ont des racines très longues, très profondes et très vitales ; on pourrait comparer cette vitalité à la sourde résistance des purulences, profondes et puissantes purulences dont le pus coule en abondance. L'année suivant la coupe, les frênes ont donné des rejets abondants : je les ai coupés. L'année d'après, beaucoup de rejets encore, mais moins nombreux, moins vivaces. Je les ai coupés. Et, après quelques années, la puissance de vie des racines épuisée, il n'y eut plus de rejets et les racines moururent. Je vous l'ai dit : si les purulences ne sont pas — sauf en de rares occasions — perceptibles, préhensibles, les "climats", les "anusaya", qui en proviennent, le sont : des rejets que le mantra peut couper, comme les rāga, les "convoitises", les chanda, les "intentions", les tṛṣṇā, les "soifs", enfin au plus direct, les manifestations du désir sensuel, de l'agressivité et de l'illusion.

Ainsi, à chaque occasion de trouble, prononcez le mantra dans une attitude d'attention extrême, de respect, je dirais d'amour. Rattachez-vous à la lignée qui a transmis le mantra, ne vous souciez pas des caractéristiques des membres de cette lignée. Celui qui vous a transmis le mantra l'a compris.

En dehors de ces occasions, il est bon aussi de "polariser", si je puis dire, le mental, dans les moments de tranquillité : sur le coussin, au moment de s'endormir, au réveil, répéter le mantra comme un japa, en s'aidant au besoin d'un chapelet traditionnel aux 108 grains ; c'est planter les pieux de la palissade qui empêchera l'ennemi d'entrer dans la cité.

Bien souvent, on est découragé car dans les premiers temps le mantra ne semble pas avoir d'effet. C'est sûr, mais rappelez-vous la comparaison du frêne, les rejets sont vivaces, parmi eux se trouvent ceux de l'illusion. Comment alors le mantra pourrait-il être compris si peu que ce soit ? Patience! Il est impossible de faire partager une conviction et je ne peux que vous inciter à "faire confiance". Cette confiance[1] doit être indéfectible, inconditionnelle ; que risquez-vous ? La Voie est bien tracée et la confiance en la Voie est aisée. Si donc, instructeur, mantra, vont dans le sens de la Voie, que craindre ?

---

[1] La confiance : śraddhā (Sk), saddhā (P).
Ce terme est très important et n'a rien a voir avec une "foi" quelconque. La confiance est le premier des cinq pouvoirs : śraddhendriya, qui deviendra, par l'ascèse, "force de confiance" : śraddhābala. C'est également le premier des "membres de l'effort" : padhāniyanga. Et pour l'Eveillé, le Sage, il n'est bien sûr plus besoin de confiance !

Les deux niveaux

— "Il y a le niveau conscient, la connaissance discriminative et le niveau surconscient, la Connaissance Transcendante. Tant que le "bhavaṅga srota", le "courant" subconscient du devenir, ne coule pas introublé, rien n'est gagné"

"Voyez plutôt les médecins, les chirurgiens, les psychiâtres, les psychanalystes qui, constamment, font l'expérience de la misère du corps et de l'âme : cela les empêche-t-il d'être passionnés, soumis aux impulsions ?"

"Et je veux appliquer cette observation à la quatrième tétrade d'Ānāpānasati : "Voyant clairement, profondément, l'impermanence...". Il ne s'agit pas du tout d'une perception uniquement consciente, mais bien d'une Vue profonde, consciente et surconsciente. Comment faire ?

En réussissant la troisième tétrade qui, pour ainsi dire, ouvre la porte de cette caverne où gîtent les āsrava. A la fin de la deuxième tétrade, les mouvements grossiers du "cœur" (citta) sont apaisés, le cœur est tranquillisé quant à l'impact des activités du mental. Alors, on travaille directement sur ce cœur silencieux. Ce cœur, par une opération d'abandon, on le ravit, on le réjouit, le concentre, le compose et le densifie et, enfin, on le libère des pulsions, des remontées des sources profondes, les āsrava"

— "Mais vous avez dit que les purulences n'étaient généralement pas perceptibles, comment peut-on en délivrer le cœur ?"

— "Voir, c'est éteindre. Référez-vous à ce qui est dit dans "Mantras et āśravas". Si les āśravas ne sont pas perceptibles, les climats le sont. Voilà les signes : par exemple, vous ressentez un état diffus de frustration (sans images, sans "idées", bien entendu, puisqu'à la fin de la deuxième tétrade, l'activité du citta est tranquillisée), alors c'est la manifestation de la purulence du désir sensuel ; votre cœur ressent-il de l'effroi dans cette attitude d'extinction des facteurs d'existence ? Alors c'est la manifestation de la purulence du devenir ; ressent-il une lourdeur, une torpeur, une obscurité ? Alors voilà la manifestation de la purulence de l'ignorance, du refus de voir les choses telles qu'elles sont.

Et de même que la destruction continue des rejets de l'arbre amènera la mort des racines, de même la destruction des manifestations des purulences par la béatitude du non-désir, de l'extinction et de la Connaissance, amènera l'assèchement des purulences.

C'est alors et alors seulement qu'une compréhension de plus en plus profonde surgira ; la profondeur est fonction du degré d'assèchement des purulences. C'est comme une pièce en grand désordre, on ne peut rien y retrouver, mais on peut commencer le rangement en attendant de la vider."

*
* *

Les rythmes

Tout est mouvement : rien, absolument rien, n'est stable, immobile. La caractéristique du phénoménal est le mouvement. Dans ce mouvement, on peut distinguer des rythmes. Il ne faudrait pas croire qu'il s'agit de sinusoïdes parfaites, loin de là, pas même de pseudosinusoïdes, car il y a des rebroussements, des discontinuités. Mais il y a intérêt, mis à part les "accidents", les "catastrophes", à connaître les rythmes.

On pourrait en distinguer trois, que nous appelerons le biorythme, le psychorythme et le sophiorythme. Est-il besoin de dire qu'ils s'interpénètrent et que les variations de l'un d'entre eux se répercutent sur les autres ?

Le biorythme est le rythme de vie, à la fois du corps de chair et du corps de prana. La nourriture, les saisons, les influences des champs, modulent le capital génétique qui a, lui aussi, son rythme propre. C'est ainsi qu'on peut sentir, à certaines périodes, son corps fort, plein de vitalité, en bonne santé, puis succède une période neutre suivie d'une période de dépression, et ce rythme peut être interrompu par une maladie, un accident.

Il en est de même pour le cœur (citta). A une période brillante d'activité, de compréhension, de perceptions fines, peut succéder une période de dépression, de lourdeur, d'ennui. Et, là encore, ce rythme peut être perturbé par un grand chagrin ou une grande exaltation.

Enfin, tout se passe comme si l'articulation métaphysique avait aussi un rythme : périodes de joie, de béatitude, de clarté, sans cause phénoménale, auxquelles succèdent des périodes d'obscurité, d'amertume, d'acedia[1], une traversée du désert. Il est bon de connaître ces rythmes.

Soit une masse lourde au bout d'un câble. La masse se balance et je veux la faire aller au plus haut. Si je la frappe quand elle revient sur moi, aucun effet (peut-être une meurtrissure du poignet !), mais si je la frappe ou la pousse lorsqu'elle s'éloigne, mon effort sera efficace. Songez aussi à la balançoire.

Vous devez donc profiter des moments favorables pour intensifier l'ascèse et la modérer dans les périodes défavorables pour éviter en ce cas les "meurtrissures".

[1] Acedia (latin) : dégoût, indifférence.

*
* *

" Laissez tomber la tête dans le cœur
Le cœur dans le ventre
Et remontez le ventre dans le cœur."

Prajñānanda veut dire par là que la tête, siège de l'activité mentale désordonnée, doit être rendue silencieuse par une "descente" consciente dans le "cœur" (le citta) silencieux (voir troisième tétrade d'Ānāpānasati), et qu'il faut calmer le *centre instinctif du ventre* en sublimant l'énergie de ce centre. Mais il ne faut pas oublier que, si le centre de la tête est important, l'opération principale porte sur le "cœur", le citta, si bien traduit en chinois par l'idéogramme "cœur".

*

Il est plus facile de coucher le dressé
que de dresser le couché.

Ce propos se rapporte "aux rythmes".

*
* *

Il va sans aller
Il demeure sans demeurer
Là où il est, il est
Là où il est, il n'est pas
Ce n'est qu'Amour
Qui le retient
De se dissoudre
Dans le Rien.

*

Le passé n'existe plus, le futur n'existe pas encore, le présent est insaisissable. Leurre du temps, inconcevable; qui peut le connaître sans le mouvement, sans le changement ?

*

Dieu

Un poisson rouge à l'autre :"Vous voyez bien qu'il y a un Dieu puisque notre eau est changée tous les huit jours !"
— "Et lorsque l'eau est restée pendant un mois sans être changée et que nous avons failli périr ?"
— "C'est qu'il voulait éprouver notre foi !"

*
* *

1

Esthésie
hyperesthésie – hypoesthésie

On pourrait aussi classer les hommes en trois catégories : les hyperesthésiques, les esthésiques et les hypoesthésiques. Rappelons qu'"esthésie" veut dire "faculté de percevoir par les sens" et n'oublions pas que, dans notre Dharma, le mental est un sens, en plus des cinq autres.

Les esthésiques perçoivent, pourrait-on dire, "normalement".
Les hyperesthésiques perçoivent beaucoup plus intensément.
Les hypoesthésiques perçoivent moins.

Il est important, pour soi-même et dans l'hypothèse d'une occasion d'instruire, de savoir dans quelle catégorie se placer et placer les autres. Ce n'est pas toujours évident.

En effet, s'il n'y a pas pas de précautions spéciales à prendre pour l'esthésique, il n'en est pas de même pour l'hyperesthésique, assez rare d'ailleurs ; sa sensualité extrême peut donner une résonance, un effet considérable à une simple parole ; de même pour son comportement vis-à-vis des autres, qui peut se traduire par un besoin intense d'amitié, voire d'affection et, inversement, par le chagrin d'un éloignement ou d'une indifférence. L'ascèse est plus difficile pour l'hyperesthésique puisqu'il jouit intensément par les sens ; en contre-partie, il est plus sensible aux jouissances subtiles des dhyāna et à la béatitude de la compréhension des choses.

L'hypoesthésique aura besoin d'une action beaucoup plus vigoureuse, voire brutale, de la part de l'instructeur ; il aura une certaine difficulté à ressentir "priti", le transport joyeux, et "sukha", le bonheur, d'où une possibilité de tristesse, de lourdeur.

*
* *

Vigilance

Un homme vient trouver un jour un Maître chinois et lui demande : "Dites-moi quelque chose de très profond qui puisse me guider sur la Voie". Le Maître prend son pinceau et trace l'idéogramme "Vigilance". Le visiteur remercie : "Bien, mais cela je le sais, ce n'est pas très profond, dites-moi quelque chose de plus profond". Le Maître reprend son pinceau et trace à nouveau l'idéogramme "Vigilance" – "Encore !" dit le visiteur – "Mais qu'est-ce que cette Vigilance ?" Le Maître reprend son pinceau et retrace l'idéogramme "Vigilance".

*

Les perles de Sarira

Seul en son petit monastère, durant un hiver très rigoureux, un moine avait très froid. Plus de bois, tout était brûlé : meubles, parquets et même son lit. Il avise alors une statue en bois du Bouddha et la brûle. Quand les autres moines lui rendirent visite, ils s'aperçurent que la statue du Bouddha avait été brûlée; ils admonestèrent sévèrement le moine. Celui-ci, prenant un bâton, remua les cendres et demanda aux moines : "Où sont les sarira ?".

Les sarira sont de petites perles, semblables à du verre, que l'on trouve, paraît-il, dans les bûchers des Arhats et des Bouddhas...

*
* *

Deux tétralemmes

Il y a des liqueurs grossières dans de grossiers flacons
Il y a des liqueurs subtiles dans de grossiers flacons
Il y a des liqueurs grossières dans de fins flacons
Il y a des liqueurs subtiles dans de fins flacons.

Pourquoi t'inquiéter du flacon,
si tu as perçu la subtilité de la liqueur ?

*

"Le vertueux qui a compris"   – Au plus haut.
"Le vicieux qui a compris"   – Il vient après.
"Le vertueux qui n'a pas compris" – Hélas!
"Le vicieux qui n'a pas compris"   – Horreur !

*

On ne peut jamais transmettre l'heure exacte. Il y a toujours
le "re", différence entre l'heure qu'il est et l'heure qu'on dit,
quand on dit l'heure qu'il est.

*
* *

"Je n'aime pas les nouilles et c'est heureux, car si je les aimais on m'en donnerait, et comme je ne les aime pas, ce me serait désagréable".

Ne croyez pas que ce raisonnement imbécile soit rare ! Au contraire !

*

Le fleuve va vers la mer et nul ne peut le faire remonter à sa source. Ainsi, celui qui a brisé les trois premiers liens ira indubitablement vers l'extinction, le Nirvāṇa, la béatitude.

*

" Sukho samahito"
Celui qui est composé est heureux.

*

Je pense, donc j'existe
Je pense, donc je ne suis pas
Je ne pense plus, peut-être suis-je ?

*
* *

Satiété n'est pas Sagesse

Le roi vint trouver son chapelain et lui dit :"Mon père, j'ai péché, j'ai trompé la Reine Blanche" – "Horreur", s'écrie le chapelain, "tromper cette reine si douce, si belle ! Je ne comprends pas! Si vous promettez de ne plus recommencer, je vous donnerai l'absolution après une lourde pénitence" – "Bien", dit le roi, "Venez donc passer quelques jours au château." Le chapelain arrive un soir. On lui sert au souper une carpe au fenouil, délicieuse. Le lendemain, à déjeuner, une carpe au fenouil, le soir, une carpe au fenouil. Ecœuré, le chapelain va voir le roi et lui dit :"Quelle est cette plaisanterie de votre cuisinier, Sire ? De la carpe au fenouil, encore de la carpe au fenouil, toujours de la carpe au fenouil, j'aimerais bien changer!" – "Vous avez compris!" dit le roi. "la Reine Blanche, encore la Reine Blanche, toujours la Reine Blanche…"

Satiété n'est pas Sagesse, car la nostalgie de la carpe au fenouil reviendra. Ce n'est pas pour rien que, dans certains textes, une des trois filles de Māra, essayant de troubler la méditation du Bodhisattva sous l'arbre Bô, s'appelle "Satiété".

*

Le désir t'assaille, sois comme une bûche
L'agressivité t'assaille, sois comme une bûche.

*
* *

Faire jeûner le cœur

N'ayez pas seulement conscience de la nourriture du corps, le cœur aussi se nourrit, plus avidement quelquefois que la bouche du goinfre, de sensations, d'idées, de projections, de désirs, de haines, de jouissances, de chagrins, de souffrances. Ainsi, corps et cœur, nourris sans discernement, font devenir obèse ce moi, ce faux moi, déjà nourri depuis des temps sans commencement, plus par le cœur que par le corps. Restreignez, si vous le pouvez, la nourriture du cœur, faites-le jeûner, ce cœur toujours insatisfait qui s'ennuie s'il n'a pas un livre, des images, de la musique, de l'amour...

Le corps mourra, mais les imprégnations, les samskara se continueront par le Karma. Si vous n'acceptez pas l'hypothèse du Karma, voyez que, comme un estomac distendu réclame toujours plus de nourriture (et comment lui en donner si l'on n'a plus de dents, si l'on souffre d'un ulcère ou d'un cancer ?), le cœur distendu réclamera toujours plus de nourriture (et comment lui en donner quand la vieillesse rend aveugle, sourd, impuissant, imbécile ?).

*
* *

Sur la place de la Concorde, un ivrogne tâte l'un après l'autre les barreaux de la grille entourant l'obélisque : "Ah ! Les vaches ! Ils m'ont enfermé !"

*

C'est un prisonnier. Il veut s'évader. Mais la porte est solide. Que d'efforts – infructueux – pour la briser, l'ouvrir ! Accablé, il s'écroule sur le seuil. Cependant, la fenêtre est ouverte...

*

C'est un prisonnier. Il veut s'évader. La porte est solide. Que d'efforts pour l'ouvrir. Accablé, il s'écroule sur le seuil. Hélas, il ne fallait pas pousser mais tirer !

*

Du mental tout surgit,
dans le mental tout se réengloutit.

*
* *

L'habit fait le moine

Une histoire bouddhique raconte l'aventure de ce moine qui se présente à la porte d'un notable offrant un repas aux moines. Mais ses haillons sont si rapiécés, si ternes, que l'intendant lui refuse l'entrée. Alors, il se procure des robes jaunes d'or, brillantes comme la fleur de renoncule, et retourne à la maison du notable. L'intendant, très respectueusement courbé, le prie d'entrer.

Dans la salle du repas, le moine enlève sa robe, la pose et lui présente les plats. "Que faites-vous ? On ne présente pas de la nourriture à sa robe !" – "Et pourtant, répond le moine, lorsque je me suis présenté avec de vilaines robes, je n'ai pu entrer. C'est grâce à cette magnifique robe que j'ai pu le faire. En toute justice, c'est à cette robe que doivent être offertes ces succulentes nourritures".

L'habit fait le moine !

*
* *

Ascèse

Soit une courbe de chemin de fer raccordant deux lignes droites. Si la courbe était un arc de cercle, au moment où le train entrerait dans la courbe, il y aurait un grand choc, car on passerait sans transition d'un rayon de courbure nul à un rayon de courbure donné. C'est pourquoi la courbe reliant deux alignements est une "clothoïde", courbe dont le rayon de courbure est proportionnel à l'ordonnée curviligne. Ainsi, on passe insensiblement, sans choc, du rayon de courbure nul au rayon de la courbe.

Il en est de même pour la partie progressive de l'ascèse. Si, convaincu de la véracité du Dharma, je décide d'exercer la méditation quatorze heures par jour, il y aura choc, peut-être dégoût; mais si, peu à peu, j'augmente le temps de méditation, très progressivement, peut-être y aura-t'il et dhyāna et vipaśyanā.

*

"Je voudrais tellement être chaste! Mais je ne peux me passer de jouissance, que faire ?" – "Jouissez de bon cœur, comme disait Shri Nisargadatta, le monde ne s'arrêtera pas de tourner – au contraire! Mais, de grâce, ne gâchez pas la jouissance par une hâte, une culpabilité, quel que soit d'ailleurs le mode de jouissance. Essayez d'être attentif à la sensation pure, sans surimposition, sans dis-tractions, sans phantasmes"

*
* *

113

Chevaucher le tigre

Il me souvient de l'histoire de ce petit garçon qui, brusquement, se mit à pleurer. "Qu'as-tu ?" – "J'ai avalé mon bonbon sans le sucer !" Puisque vous ne pouvez pas vous abstenir de bonbons, sucez-les consciemment, attentivement, ce sera le moyen de vous en détacher. Rien de tel que de fumer très attentivement une cigarette pour ne plus fumer. Quand vous verrez la vacuité des choses, vous abandonnerez le désir sans regrets, sans saṁskāra. Les saṁskāra de frustration, de tristesse, sont peut-être encore plus nocifs que les saṁskāra de jouissance. "Gaudere", joie, se réjouir, jouir, au plus haut jouir de priti, sukha, ānanda, non-jouissance...

Vous n'êtes pas moine, vous vivez dans ce monde où tant d'occasions de jouir sont offertes ; vous pouvez jouir des sens, cela ne vous empêchera de devenir Arya, selon le Majjhima Nikāya, mais ayez le contrôle et l'attention, la Vigilance, chevauchez le tigre...

*
* *

Besoins et désirs

Il faut distinguer "besoins" et "désirs", bien qu'ils soient étroitement imbriqués. Sont besoins : respirer, manger, boire, se couvrir, procréer, dormir, etc. En somme, tout ce qui concourt au maintien de la vie, tout ce qui satisfait la partialité positive, l'anabolisme de l'Ordre-désordre des choses. Tout se passe comme si, en fonctionnement "normal", le besoin, pour mieux s'assurer, était accompagné de la jouissance "normale" : jouissance de manger (quand on a faim), de boire (quand on a soif), etc.

La déviation commence lorsque cette jouissance devient "anormale", lorsqu'elle n'est pas au service du besoin, mais devient nécessaire par et pour elle-même : jouir de la nourriture sans avoir faim, et ainsi de suite. Naît alors le "désir", étymologiquement, de-siderare = "cesser de voir les astres", et ce sens premier est parlant : cesser de voir la racine du désir, la finalité de la jouissance.

D'où l'attitude des trois types d'humains, que nous avons déjà nommés :

1. **L'individu**, possédé par le désir, la soif, la convoitise sensuelle (rappelons encore, sans lassitude ni gêne, que le mental est un sens) ;

2. **La personne,** goûtant sagement la jouissance des besoins, laïc sage obéissant à la partialité positive de l'Ordre-désordre des choses ;

3. Et enfin, **le nul,** indifférent, content de ce qui tombe dans son bol, de ses haillons, non pas chaste, le mot ne convient pas, mais brahmacārin, celui qui se conduit comme Brahma, exempt de désirs sensuels.

Tout de même, un critère de sagesse : la joie.

Mais il y a des fous joyeux !

*

Vacuité,
Vacuité de vacuité,
Tout n'est que vacuité,
Et délices du cœur immobile.

*

Bien souvent, les "maîtres" sont comme les anciennes auberges espagnoles : on y trouve ce que l'on y apporte.

*

"Il y a plus de choses sous le ciel et sur la terre
que n'en peut rêver ta philosophie, Horatio"

Shakespeare

*
* *

Pourquoi simplifier alors qu'il est si facile de compliquer ?

La caractéristique de tout phénomène est śūnyata, la bulléité, la vacuité. Pourquoi, alors, ne pas dénombrer dix-huit sortes de vide! Nous en avons d'ailleurs trouvé un dix-neuvième, qui est le vide des dix-huit premiers !

A l'origine, il y a cette hypothèse, proposition essentielle du Dharma : "Il est un sans-naissance, sans-devenir, sans-création, sans-conditions : ajāta, abhūta, akṛta, asaṁskṛta". Comment a-t'on pu arriver à ces autels surchargés, à cette quincaillerie au milieu de laquelle trône un enfant Bouddha auréolé d'un tube circulaire de néon fluorescent ?

*

Les fous! Ils sculptent des statues et devant elles ils brûlent de l'encens, offrent des nourritures, prient, remercient... Quelquefois ils en font d'horribles, avec des dents de vampires, les yeux exorbités, entourés de flammes, et ils ont peur !

Le monde des formes n'est-il pas déjà assez compliqué ?

Symboles, direz-vous ? Oui, "jetés avec", jetez donc !

Les symboles peuvent être des chaînes. Faut-il adorer les poteaux indicateurs ? Prendre le doigt qui montre la lune pour la lune ?

*
* *

le Vieux papier pourri

Non pas que brûler de l'encens, offrir des fleurs, se prosterner ne laisse de traces "favorables", des "vāsana", des "parfumages" du mental, mais, s'il vous plait, que ces pratiques ne deviennent pas prédominantes.

L'homme a besoin de béquilles, certes, mais elles ont deux dangers : elles peuvent s'enraciner, pousser des lianes qui vont ligoter le béquillé, ou alors elles peuvent casser, c'est la chute et peut-être la fracture !

Un vieux maître chinois, très préoccupé du sens des Sūtra, des Sutta et des Shastra, passait la majeure partie de son temps à étudier les textes, recherchant le sens profond, comparant les recensions diverses. Un jeune disciple, qui n'éprouvait aucun goût pour ce genre d'exercices, se lassa. Il alla contacter un autre instructeur qui l'éclaira. Le jeune disciple revint auprès de son vieux maître, toujours occupé à étudier. La salle d'études était éclairée par des fenêtres garnies de papier en mauvais état, et une abeille, qui cherchait à sortir, se heurtait au papier. "Ne peux-tu passer à travers ce vieux papier pourri!" s'exclama le disciple. Le vieux maître entendit et, brusquement, comprit : il abandonna les études et se mit à rechercher directement le "sans-naissance, sans-devenir, sans-création, sans-conditions".

*
* *

Il y avait dans les temps un moine qui voulait devenir Arhat. Il avait donc entrepris une méditation. Mais très rapidement, il s'ennuya. Alors, il chercha qui était celui qui s'ennuyait de la méditation. Mais cette recherche l'ennuya. Et il se mit à chercher "qui" s'ennuyait de chercher celui qui s'ennuyait de la méditation. Cela l'ennuya. Et ainsi de suite, jusqu'au moment où il compris que "nul" ne cherchait.

*

Voici la descente du plus aisé à "surprendre" au plus caché :

Kāma	:	le désir
Kāma chanda	:	l'intention du désir (décision)
Kāma rāga	:	la convoitise pour le désir
Kāmānusaya	:	le "climat", l'inclination vers le désir
Kāmāsrava	:	la purulence profonde du désir, du vouloir ressentir.

*

"Ne soyez pas de ceux qui prennent la mesure des hommes, car il se blesse lui-même celui qui prend la mesure des hommes. C'est moi qui peux prendre la mesure des hommes, ou quelqu'un qui soit semblable à moi".

Anguttara Nikāya

*
* *

Tétralemmes

" Il y a quatre sortes d'hommes, pareils à la mangue :

1. mangue verte qui paraît mûre.
2. mangue mûre qui paraît verte.
3. mangue verte qui paraît verte.
4. mangue mûre qui paraît mûre ".

Anguttara Nikāya

Il en est de même des disciples du Bouddha :

1. doués des qualités Ārya, mais paraissant grossiers par leur attitude et leurs paroles.
2. non doués des qualités Ārya mais paraissant Ārya.
3. non doués des qualités Ārya et ne paraissant pas Ārya.
4. doués des qualités Ārya et paraissant Ārya.

Le saṅgha est sans mesure.

*
* *

Pour passer hors des conditions, il n'est pas de conditions, mais il y a des conditions préférentielles. Et ces conditions préférentielles sont suscitées par les pouvoirs (indriya) latents en tout homme, soit :

1. confiance
2. énergie virile
3. vigilance remémoratrice
4. concentration-composition-synthèse
5. Connaissance Transcendante.

Ces pouvoirs deviennent des forces (bala) par l'ascèse.

Voici une histoire :
Un certain moine cheminait sur la route. Une courtisane le croise et, se moquant de lui, se met à rire. Alors, le Bhikkhou, voyant les dents de la courtisane, d'un coup fut libéré du phénoménal.

Combien ont vu des dents et n'en furent pas pour autant libérés! Mais le moine avait rendu "forces" les "pouvoirs".

*
* *

Smṛti

A notre sens, smṛti (Sanscrit), sati (Pāḷi), est très mal traduit par "attention".

La racine indo-européenne "smer" a le sens de "préoccupation", "souvenir". On retrouve la racine en germanique : maurnan, "avoir soin de".

En grec, semble s'y rattacher "mnêmê", mémoire ; en latin, "memor", "qui se souvient", "memoria", "rappeler".

Quelquefois le mot est traduit en anglais par "awareness", de aware, "informé", "conscient de ", "instruit".

On voit donc que le sens de smṛti est beaucoup plus large que ne le fait connaître le mot "attention". Et cette étroitesse a été cause, toujours dans notre optique, d'un grave malentendu aboutissant à cette attitude artificielle, sclérosée, de certains tenants du Theravāda, pour ceux par exemple, pour qui l'attention à la marche consiste à être conscient du pied qui se lève, puis du pied arrivé au sommet de sa course, puis du pied qui s'abaisse, puis du pied qui touche le sol, et ainsi de suite. Et il faudrait faire de même pour toutes les activités du corps, des sensations, du cœur (citta) et des états du cœur (états psychiques). Si cette méthode est suivie avec rigueur (nous n'avons jamais observé le cas!), il s'ensuit une sorte de sclérose, disons de stupeur, qui n'est certes pas dans la ligne du Dharma, si subtil. Qui de plus attentif qu'un ouvrier à la presse d'estampage, qu'une couturière enfilant son aiguille ? En sont-ils libérés pour autant ?

En fait, pour nous, il est question d'*être conscient*, d'être là. La formulation de Gurdjieff : "rappel de soi", nous semble bonne. Ne pas être perdu, pompé, dis-trait par les activités du corps et du cœur. Ñānatiloka, cet allemand devenu moine theravādin, en parle profondément dans son dictionnaire, citant les termes du Sutta sur la Vigilance : "la seule voie qui mène à l'obtention de la pureté, au surmontement du chagrin et des lamentations, à la fin de la souffrance et de la douleur, à l'entrée dans la Voie juste et à l'accès au Nirvāṇa, c'est la Voie des quatre applications de la Vigilance (de la prise de conscience)".

"Là, le moine demeure dans la vision claire du corps, des sensations, de la psyché (citta) et des objets psychiques, clairement conscient et attentif, après avoir rejeté les convoitises et les déceptions (les tristesses) du monde".

Il ajoute : "Les quatre contemplations (visions claires) ne doivent pas, en réalité, être prises comme des exercices séparés, mais au contraire, au moins dans de nombreux cas, spécialement dans les jhana, comme inséparables, associés. Par là même, le Sutta donne simplement une illustration de la Voie dans laquelle les quatre contemplations relatives aux cinq agrégats d'existence viennent à être réalisées simultanément et conduisent finalement à la vision claire de l'impersonnalité de toute existence". (Les parenthèses sont de nous).

Il s'agit donc d'une technique synthétique : "clairement conscient" ne veut pas dire la seule "attention" aux gestes, aux sensations, à la psyché (cœur) et aux états psychiques, mais bien le rappel de la notion, et plus même, la "mémoire", le souvenir des états d'erreur.

Smṛti, sati : souviens-toi des jours anciens gouvernés par l'illusion. Remémore. Aie présent constamment à la mémoire la nature illusoire des choses. Qu'une constante Vigilance te "renseigne" sur la nature des actes, des paroles et des pensées. Préférentiellement en méditation. Là, sur ton coussin, sois comme le veilleur au plus haut de la tour : il surveille l'horizon d'où, par cinq chemins (les sens), cinq ennemis peuvent surgir (les nīvarana ou empêchements); derrière lui, un prisonnier mal enchaîné va et vient, il doit aussi le surveiller (c'est la respiration). Enfin, un ennemi peut surgir d'un point quelconque de l'horizon : la distraction.

Mais voilà que le veilleur se fatigue, sa vigilance décroît, las! Il va s'endormir. Non ! il passe de l'eau fraîche sur son visage, il marche, il chante haut. De même, le méditant laisse couler l'eau fraîche du transport joyeux et du bonheur, il s'exalte en concentration, il gravit les degrés des dhyāna, il chante les mantras.

*
* *

Passion I

"Eh quoi! Vous êtes amoureux de cette femme, passionné pour elle ? Qu'est-elle pour vous ? Un flot de photons se réfléchissant sur son corps a pénétré votre œil ; une petite image s'est formée sur votre rétine – image inversée que vous redressez, on ne sait trop comment – Remarquez que cette image est transmise au ventre, au cœur et à la tête. Là, elle est teintée par les hormones, par les souvenirs, les samskara accumulés pendant des temps sans commencement, et ainsi composée, vous la projetez en pensant : "Qu'elle est belle ma bien-aimée !" N'est-ce pas une folie ?"

– "Peut-être, mais comme votre scorpion, je ne peux faire autrement !"

– "Fallacieux ! Vous n'êtes pas un scorpion, en vous il est cinq pouvoirs (indriya) qui peuvent devenir des forces (bala) pour vous sortir de l'illusion."

Passion II

"Eh quoi ! Voici la quinzième cigarette et la journée n'est pas terminée ! Ne savez-vous pas que la cigarette est dangereuse ? Bronchite, cancer de la gorge, du poumon, etc... Et puis le mental embrumé. Comment, vous, sur la Voie, pouvez-vous être soumis à cette habitude, n'est-ce pas dégradant ? Vous cherchez la liberté et ne pouvez rompre cette chaîne ?"

– "Je sais tout cela, mais comme votre scorpion, je ne peux faire autrement."

– "Fallacieux ! Vous n'êtes pas un scorpion, en vous il est cinq pouvoirs qui peuvent devenir des forces pour vous sortir de ce vice."

*
* *

Les corps

Certaines modalités bouddhiques ont emprunté à la vieille tradition hindoue la théorie des cinq corps. Le Canon pāḷi donne dans le Samañña phala Sutta la technique permettant de "façonner" un corps fait de mental.

Voici les cinq corps :

1. Le corps fait de nourriture (le corps de chair)
2. Le corps fait de prāṇa, d'énergie
3. Le corps fait de mental
4. Le corps fait de connaissance discriminative
5. Le corps fait de béatitude.

1. annamaya-kāya

2. Prānamaya-kāya

3. manomaya-kāya

4. Vijñānamaya-kāya

5. ānandamaya-kāya

Vérifier la réalité des quatre corps autres que le corps de chair (de nourriture) est très difficile; connaître le corps de mental suppose l'entrée dans le quatrième dhyāna : dans ce dhyāna on projette le cœur composé, tout pur, tout nettoyé, etc... sur la "sortie" de ce corps fait de mental, "comme l'épée sort du fourreau"...

Toutefois, le corps de prāna peut être connu plus facilement, d'une part par les effets du massage, de l'acupuncture. Par exemple, plus simple et plus probant, un appareil, le "prānascope", qui pourrait d'ailleurs devenir un "prānamètre", a été trouvé par l'un de nos amis.

Cet appareil est constitué d'un cylindre très léger, en papier de soie par exemple, traversé diamétralement par une paille en haut du cylindre. La paille à son tour est traversée en son milieu par une aiguille qui pourra reposer sur un socle dur, un verre renversé par exemple. On a ainsi un ensemble très léger qui peut tourner dans un sens ou dans un autre.

Si l'on approche la main ouverte, les doigts disposés tangentiellement, le cylindre se met à tourner, comme si un fluide sortait par les doigts, dans le sens des aiguilles d'une montre pour la main gauche, dans le sens contraire pour la main droite. L'action conjointe des deux mains arrête le cylindre.

On pourrait objecter qu'il s'agit d'un courant d'air chaud produit par la chaleur des mains, mais en remplissant un gant d'eau chaude et en l'approchant tangentiellement du cylindre, rien ne se produit.

On pourrait aussi objecter qu'il s'agit d'un effet d'électricité statique, mais en approchant le gant frotté pour lui donner une charge, le cylindre se colle au gant et ne tourne pas.

Ce "prānascope" pourrait devenir un "pranamètre" en notant la vitesse de rotation à différents moments de la journée, en différentes saisons, en différents états de santé. Il serait ainsi possible d'affirmer la notion de biorythme.

Les trois centres et leur endormissement

Les corps de l'homme peuvent être vus comme fondés sur les trois centres :

le centre instinctif	– ventre
le centre émotionnel	– cœur
le centre intellectuel	– tête

Chez l'homme commun, ces centres ne sont pas "adombrés" par Prajñā, la Connaissance Transcendante. Ils fonctionnent anarchiquement, non harmonieusement, ils s'affolent ou s'endorment. C'est ainsi que le centre instinctif, le ventre, peut être bouleversé ou vidé de son énergie par la peur, la colère ou la sexualité ; le cœur peut être bouleversé par une trop grande émotivité et la tête peut devenir folle par l'idée fixe ou l'illusion.

L'homme sur la Voie apprend à régulariser ces centres, il contrôle le centre instinctif, le nourrit de prāṇa et veille sur ses dépenses par une rétention des pulsions d'agressivité et des pulsions sexuelles. Il contrôle le centre émotif par le développement de l'Amour Dharmique aux quatre faces, et enfin il contrôle le centre intellectuel, en le calmant par les dhyāna, la concentration, la composition, et en le rendant sage par vipaśyanā, la Vue des choses telles qu'elles sont.

L'Arhat a totalement équilibré ses trois centres.

128

Un danger guette l'ascète : l'endormissement des trois centres. Ainsi, une chasteté prolongée peut amener une sorte de sommeil du centre instinctif ; en ce qui concerne la sexualité, l'ascète devient comme impuissant, ce qui se traduit par un manque d'énergie, un manque de "virya", son "hara" est endormi, pour parler comme ceux qui pratiquent les arts martiaux. Il en est de même pour le cœur qui n'est plus ouvert à l'Amour Dharmique, dont la quatrième face, l'équanimité, devient indifférence, et enfin le mental devient paresseux, terne, torpide, lent.

Comment faire alors ? Car il n'est pas question, en ascèse, de faire fonctionner les centres grossièrement. Même pour le laïc, une certaine continence est nécessaire, nécessaire aussi le contrôle des émotions et du fonctionnement cérébral. La solution est simple. En ce qui concerne le prāṇa, le moine doit l'accumuler puis, selon une méthode qui ne peut être transmise par écrit, le faire circuler et le "sublimer" dans le cœur et la tête. Le centre émotionnel sera activé par "maitrī bhāvanā", le développement de l'Amour, et enfin le centre cérébral sera activé par l'étude des Sūtra, des Sutta et des shastra, leur mémorisation et leur exégèse ; très efficaces, les instructions données à des amis moins avancés sur la Voie, la participation à des exposés, des conférences, etc.

Cette sage activité des trois centres, par son importance, nécessite donc un entraînement à la Transcendance.

*
* *

Précontrainte

Quand elle est chargée, une poutre en béton prend une flèche, sa partie supérieure est comprimée, sa partie inférieure tendue, les deux zones sont séparées par une fibre neutre. Cette structure n'est pas satisfaisante. En effet, le béton résiste bien à la compression, mal à la tension. D'où la nécessité de faire absorber cette contrainte de tension par des aciers, mais alors le béton tendu peut se fissurer, les aciers rouiller et foisonner.

D'où l'idée de précontrainte.

Par des aciers tendus au préalable, la flèche de la poutre sera inversée au départ, si bien que quand elle sera chargée, sa flèche tendra à être nulle ; il n'y aura plus de zone comprimée ni de zone tendue, les contraintes seront égales dans toute la section. Aucun risque de fissures.

Mais il y a un danger : que les aciers pré-tendus se détendent. Alors la situation deviendra encore moins satisfaisante que sans la précontrainte.

Il en est de même pour l'ascèse.

Celui qui a entrepris un entraînement subit des contraintes, des tensions, quelquefois trop fortes, suivies de relâchements (rappelons l'histoire de Nanda, le joueur de luth, qui passait par des alternatives de tension et de relâchement ; le Bouddha lui donne comme exemple la tension des cordes du luth, qui doit être ni trop faible, ni trop forte, pour avoir le son juste).

Ces contraintes peuvent amener le découragement, voire l'abandon.

Est-il une manière de faire qui ressemble à la précontrainte ?

Oui. Il faut avant et pendant les exercices des éléments qui assurent, pour ainsi dire, la "neutralité" du comportement, ni comprimé ni tendu. Et le Dharma les donne comme des "pouvoirs" qui pourront devenir des "forces". Nous avons déjà parlé de ces "indriya" et de ces "bala" :

La confiance, la Vigilance, l'énergie virile, la concentration-composition et la Connaissance Transcendante, latentes en chaque existence humaine, et qui, même au plus petit degré de "force", peuvent organiser la précontrainte, sage tension qui fera éviter les extrêmes.

*
* *

L'âme

Par quelle aberration, dans ces temps, l'âme a-t'elle pris la place de l'esprit ? Pourtant au Moyen-Age, on trouvait encore la triade : corpus-anima-spiritus. Et cette âme est devenue immortelle! Pauvre âme si fragile, tellement accessible aux hormones, aux drogues, attachée au corps, vivant, dormant, mourant avec lui.

Lorsque nous parlerons d'âme, citta, psyché, cœur, comprenez bien qu'il s'agit de la sphère psychologique, phénoménale, donc impermanente, sans essence, sans entité, non autogène, conditionnée, faisceau de causes et d'effets.

*

Le cœur de l'ascète subtil est partagé, car il ne peut, d'une part que rechercher la Connaissance ultime, et d'autre part, à cause de sa subtilité, il lui est difficile de s'arracher à la beauté des formes, aux délicates jouissances, si fortement ressenties.

L'ascète moins délicat n'a pas cette difficulté, mais il n'est pas aussi sensible aux subtilités de la Voie, les dhyāna par exemple.

*

Citta

Le véritable sens de citta est indubitablement "cœur" ; les chinois et les japonais l'ont bien exprimé par l'idéogramme "cœur". Mais ce concept s'est perdu en Occident ; demeurent pourtant des expressions portant le sens originel : avoir du cœur, mettre son cœur à... , faire de tout son cœur, etc... La perte du sens est assez récente, quand William Harvey professe que le cœur n'est pas le centre des émotions mais une pompe à circulation sanguine, confondant ainsi le cœur physiologique et le cœur psychologique ! Pourtant on retrouve le concept en Yoga avec le chakra "anahāta", le son non frappé, et en Tao avec le Tan t'ien du milieu. Mais là aussi, ce concept des corps subtils a été perdu en Occident.

Comment traduire "citta" ? par "cœur" ? Cela semblera étrange à celui qui n'est pas informé. C'est pourquoi nous le traduisons, le plus souvent, par "psyché" (à contre cœur!) qui convoie aussi, comme âme, l'idée de souffle. Que l'on accepte donc ce mot, en lui donnant le sens de "cœur", c'est-à-dire le centre d'impact des trois fonctions psychologiques :

1. impact des pulsions subconscientes, les purulences,
2. impact des activités neuronales et synaptiques,
3. impact de la Connaissance Transcendante, la Prajñā.

Lorsque les deux premiers impacts s'annulent, le citta, le cœur devient immobile et la Prajñā est totale.

*
* *

133

Il y a un bouddhisme par bouddhiste

*

Mantra
me maintiendra
Mantra
me soutiendra
Mantra
me dissoudra
Mantra
me libèrera

*

"A force d'expliquer, je commence à comprendre !"

*

"A t'entendre expliquer, on croirait que tu as compris !"

*
* *

Les enfants sur la plage construisent des châteaux de sable. Voyez comme ils les défendent quand d'autres enfants les attaquent ! Les pelles sont prêtes à couper les têtes! Mais voici l'heure du goûter. Alors ils piétinent leurs châteaux et, pour ceux qui ne le font pas, la marée dissoudra les châteaux. Ces enfants deviendront des hommes... construiront d'autres châteaux.

*

Toute accumulation mène à la ruine
Toute élévation mène à la chute
Et la vie se termine par la mort.

*

Il arrive qu'en un certain temps les lemmings, ces sortes de rongeurs, se reproduisent exagérément, se multiplient. Alors ils partent en troupes nombreuses et vont se jeter à la mer.

Il en est de même de certaines sauterelles qui brusquement changent de couleur et se mettent à pondre de grandes quantités d'œufs. Alors, ces immenses vols de sauterelles partent au hasard, s'abattent et périssent.

Ainsi des hommes...

*
* *

Ta pierre est brute : taille-la pour en faire la pierre cubique, puis la pierre sphérique. Alors, plonge-la dans l'acide de la grande ascèse jusqu'à complète dissolution.

Mauvaise structure, bonne structure, structure subtile, destructuration.

*

"Ô Maître, Sensei, Vénérable, Rimpoché, Gouroudji, mets ta belle robe, ta mitre, ton pectoral doré, secoue tes cymbales, dis-moi des paroles incompréhensibles, que je satisfasse mon besoin d'adoration ! "

*

Que de techniques, de méthodes, pour arriver à la Sagesse, et combien étranges ! Kodo Sawaki préconisait que l'anus regarde le soleil !!! Quelle hyperlordose !

Bah ! Il faut bien que les kinési aient du travail !

*
* *

Ils passent des années dans un monastère. Ils "résolvent" des koan. Puis ils sortent du monastère, se marient, ont quelquefois des maîtresses, font des enfants. Et tout cela, sans désir ?!

*

Sur la trame de la Vigilance,
je tisse le va-et-vient du souffle.

*

Il arrive au terme du voyage,
le chemin disparu,
le voyageur évanoui.

*

Avez-vous remarqué ?
quand le soleil descend,
la lumière sur le mur monte.

*
* *

Absolu

Redisons-le, il y a dans le néocortex humain le "manas". (racine : man), ce mental qui manifeste un besoin d'absolu, la nostalgie d'un au-delà des phénomènes, ces "apparences" que même l'homme profane, de façon obscure, perçoit comme insatisfaisants, douloureux, décevants.

Et dans ce manas, une faculté réside : la Connaissance Transcendante qui peut, en devenant force, en s'éveillant, faire "connaître" cet absolu, cet au-delà des conditions, quelles qu'elles soient.

Mais pour la plupart des hommes ce pouvoir (indriya) reste latent, la nostalgie est ressentie, certes, mais l'homme commun n'imagine même pas qu'il puisse suivre une Voie pour éveiller la Connaissance. Que fait-il alors ? Il compense cette nostalgie.

Les uns, essayent d'être "heureux" par les phénomènes, hélas sans succès ! car, si heureux soit-on, la vieillesse arrive, et la mort, véritable scandale pour l'homme commun.

D'autres se passionnent pour le phénoménal subtil, le merveilleux. Ils adhèrent alors à des systèmes qui phénoménalisent l'absolu : un ou des dieux (rappelons cette boutade : "l'homme aurait été créé par Dieu à son image, l'homme le lui a bien rendu !"), des croyances en un au-delà phénoménal, spiritisme, théosophie, rêveries sur la texture de l'univers, "Roi du monde", "Sages de la cité souterraine". On voit aussi des "scientifiques", insatisfaits du modèle scientifique, se passionner pour un phénoménal subtil sans intérêt : torsion de barreaux et de petites cuillers sans contact, thermomètre qui marque 40°C alors qu'il est tenu par le mauvais bout (voir le Colloque de Cordoue!). On n'en finirait pas d'énumérer toutes ces "projections" : rites, cérémonies, pouvoirs, "maîtres", gourous, influences "spirituelles", visions, etc...

"Tout ce qui est sensible n'a pas d'importance", aurait dit Thérèse d'Avila. Cela ressemble fort au Hṛdaya Sūtra : "Śūnyatāyam na rūpam, ..."

Alors, pourquoi ne pas prendre la Voie de la Vacuité, si bien tracée ?

Parce que l'homme est effrayé, de même qu'à l'idée de la mort, par la perte de son "cher" moi, ce moi illusoire mais si réel pour l'homme aveuglé, car l'absolu, c'est le Néant (ne gentem : pas une existence), ce n'est "rien" (pas une chose).

Toutes paroles justes ne peuvent que montrer la Voie, mais il faut en venir à l'expérience, incommunicable, inexpressible, à l'abandon complet dans le silence du cœur immobile, et c'"est" la béatitude.

*
* *

Le bodhisattva Avalokitesvara demanda au Bouddha :
"En quelle intention cachée (kim samdhāya) le Bhagavat a-t'il dit
que le Sravakayana (le véhicule des auditeurs) et le Mahāyāna ne
forment qu'un seul véhicule (ekayāna) ?"

Le Bouddha répondit :
"Kalaputra (Fils de famille), dans le Sravakayāna, j'ai exposé les
diverses natures propres (svabhāva) des dharmas, à savoir les
cinq skandha, les six adhyātmakāyatana, les six bāhyāyatana et
autres catégories de ce genre. Dans le Mahāyāna, j'ai dit que tous
ces dharmas ne forment qu'un même et unique élément de la loi
(ekadharma dhātu), qu'un même et unique véhicule (ekayāna).
C'est pourquoi je nie toute distinction (bheda) entre Véhicules.
Mais ici, certaines personnes interprètent mes paroles à la lettre
(yathārutam), soulèvent de fausses distinctions : les uns affirment
gratuitement (āryopanti), les autres nient abusivement
(apavadanti). Sur les méthodes diverses des Véhicules, ils
affirment qu'elles s'opposent l'une à l'autre, et tout cela mène à
des disputes. C'est en cette intention que j'affirme l'unicité des
Véhicules".

Samdhinirmocana

*
* *

140

Néant

Néant = ne gentem : pas un être vivant.

(évidemment pour nous, dharmacārin, il ne saurait y avoir d'"être", nous dirons "existence").

Maître mot, mot illuminant, notation de la béatitude de l'au-delà des choses, car s'il n'y a pas d'existence, il n'y a plus d'insatisfaction, de souffrance, de douleur.

Néant = nirodha, parinirvāṇa.

Maître Eckardt a dit : "L'être est néant, Dieu est un pur néant", et là, pour une fois, nous sommes d'accord !

Et qui connaît ce néant ? Prajñā,... Nul.

*

Autres mots-clés

Nul = aucun, de "nullus", "ne unus" = pas un.

Rien = pas une chose (il n'y a rien – rem = choses. (rem accusatif de res = chose).

Toutes les conditions sont sans essence : une seule solution, éteindre le "moi", alors on devient (!) nul, il n'y a plus rien.

Béatitude de la Connaissance Transcendante, de l'extinction des "facteurs" d'existence, du corps et de l'âme phénoménaux.

Et qui "connaît" ce nul ? Prajñā...

*
* *

Le vieux P'ang

"Rien au monde ne manque au vieux P'ang. Tout est vide chez lui, il n'a pas même un siège pour s'asseoir, car la Vacuité absolue règne dans sa demeure.

Sans aucun trésor, quel vide !

Quand le soleil se lève, le vieux P'ang marche dans le vide,

Quand le soleil se couche, le vieux P'ang dort dans le vide.

Assis dans le vide, il chante ses chants vides qui résonnent
  dans le vide"

> P'ang chen shih
> Maître Zen du IXème siècle.

*

Etre content, cela ne convient pas.

Etre mécontent, cela ne convient pas.

Etre content de son contentement, cela ne convient pas.

Etre mécontent de son contentement, cela ne convient pas.
  et ainsi de suite...

*

Longue l'ascèse, liquéfaction des obstacles, puis petit cristal : mantra, par exemple, bruit d'un caillou frappant un bambou, cristallisation, Bodhi.

*
* *

Guénonologie

Il y a
les guénonlâtres,
les guénondules,
les guénonphiles,
les indifférents
et les guénonphobes.

*

Tibet

Il y a quelques quinze ans, nous avons connu un "lama" tibétain, Tulkou, bien entendu ("Rimpoche, vous souvenez-vous de vos existences antérieures ?" – En réponse, un grand éclat de rire !). Bien que connaissant très bien le français, il n'enseignait pas. Nous lui demandâmes :"Pourquoi n'enseignez-vous pas ?" Il répondit : "Le Bouddhisme tibétain est bon pour les tibétains, du pays des devas et des démons, terre de la magie ; il n'est pas fait pour les Français".

Mais il y a des Français qui sont Tibétains !

*
* *

Lorsque je me considère, je ne m'aime point.
Lorsque je me compare, je me préfère.

Julius Evola

*

Lois

Les conditions nécessaires à l'apparition et au déroulement des "choses" sont appelées "lois", mais il n'y a pas de lois en dehors des choses.

*

Surfusion

Prenez du sulfate de cuivre anhydre. Chauffez-le jusqu'à fusion, supposons 800°C. Le sulfate est liquide. Laissez-le refroidir, la température descend au-dessous de 800°C, mais il reste liquide. Jetez alors dans le creuset un minuscule cristal de sulfate, le sulfate liquide se solidifie instantanément.

Bonne image de l'ascèse ! Bien nommée "tapo", l'ardeur.

*
* *

144

Cardioïde

Que prenez-vous à votre petit déjeuner ? Du café au lait ? Du chocolat ? Si le liquide est bien opaque, vous pouvez faire une expérience intéressante. Regardez attentivement la surface du liquide : lorsque le bol est juste en dessous du foyer lumineux qui éclaire la table, la réflexion des rayons lumineux sur les parois du bol forme à la surface du liquide un cercle parfait. Eloignez votre bol de la verticale du foyer, le cercle se déforme ; éloignez-le encore, apparaît un rebroussement ; encore, une courbe se forme à l'intérieur de la première.

Nous aimons voir dans la cardioïde une image de l'impact de Prajñā, la Connaissance Transcendante. Sous le feu direct de Prajña : Vacuité parfaite. La Prajñā est-elle moins directe ? Alors la Connaissance de la Vacuité se distord ; la Prajñā est-elle très "oblique" ? Apparaît la "séparation" illusoire du percevant et du perçu.

*

" Tirez, tirez, ils ont psyché partout ! "

*
* *

Les deux connaissances des propositions essentielles

La connaissance des propositions essentielles (sacca) peut être de deux sortes :

1. La connaissance consistant en compréhension (anubodha ñāna)
2. La connaissance consistant en pénétration (pativedha ñāna).

La connaissance consistant en compréhension est mondaine (lokiya) et son apparition en rapport avec l'extinction de la souffrance et du sentier est due au oui-dire (par conséquent sans réalisation du Sentier supramondain).

La connaissance consistant en pénétration est supramondaine (lokuttara), avec l'extinction de la souffrance comme objet ; il y a pénétration par cela des quatre propositions essentielles (en un et même moment). Il est écrit (S.LVI 30) : "Quiconque, Bhikkhous, comprend la souffrance, il comprend aussi son origine, son extinction et le chemin y conduisant. Parmi les sortes de connaissance mondaine, cependant, la connaissance de la souffrance efface la croyance en un "moi" autonome, perdurant, due à l'immersion dans les préjugés, dans l'ignorance. La connaissance de l'origine dispense la vue de l'éternité, la connaissance du Sentier, la vue de la non-efficience de l'action".

Vissudhi Magga

Retournez au centre !

Ne soyez pas concernés,
Ne prenez pas en considération,
Ne projetez pas,
N'ayez pas d'idées,
Ne discernez pas,
Ne jugez pas,
Ne pensez pas.

Retournez au centre,
là où il n'y a rien,
l'œil du typhon.

*

Ni regret, ni espoir...

*

Il est plus facile d'aller à Śūnyata par les sciences que par la magie.

*
*   *

147

Le grand ordinateur

L'Univers est un grand ordinateur qui contient l'infinité des compossibilités non manifestées d'où sort, par probabilité, l'infinité des compossibilités manifestées.

Il a deux "mémoires" constantes : construction-destruction, positif et négatif.

Chaque existence consciente est un terminal qui envoie des commandes et des données et reçoit des réponses. L'homme commun envoie des commandes et des données folles, il reçoit des réponses en conséquences. L'homme laïque sage n'envoie que des données et des commandes sages, il reçoit des réponses favorables.

Le Sage, l'Eveillé a débranché le terminal.

Cet ordinateur est appelé par certains : Yaweh, Allah, Dieu, Brahma-Shiva-Vishnou, Principe, Intelligence créatrice, etc.

A noter qu'il est programmé en auto-destruction.

*

Toute certitude discursive est pathologique

Jean Greslé

*
* *

Un homme

- cinq agrégats :

  forme,
  sensations,
  notions,
  facteurs d'existence,
  connaissance discriminative

- Trois niveaux :

  subconscient
  conscient
  surconscient

- Trois centres :

  instinctif,
  émotionnel,
  intellectuel.

- Sept chakra

- Cinq corps :

  corps fait de nourriture (corps de chair)
  corps fait de prāṇa (d'énergie)
  corps fait de mental
  corps fait de connaissance discriminative
  corps fait de béatitude

*
* *

Poème

La belle en ce jardin
s'est allée promener
Le matin s'est levé
est arrivée la Reine
Va-t'en, va-t'en vilaine !
Tu n'as pas droit d'entrer !
C'est ici le jardin des gens de nulle part
Quand tu sauras, reviens,
quel était ton visage
avant d'en avoir un

La belle, c'est la psyché, le cœur (citta)

la Reine, c'est la Connaissance Transcendante (La Prajñā)

*
* *

Le Chant de Milarespa

Effrayé par les peurs, j'ai construit un château
La Vacuité de l'Absolu fut mon château
Et, de sa destruction, maintenant je n'ai plus peur

Effrayé de pauvreté, j'ai cherché quelque richesse
Les sept glorieux et inépuisables joyaux furent cette richesse
Et, de la pauvreté, maintenant je n'ai plus peur

Effrayé par la faim, je cherchai quelque nourriture
Absorption dans l'Absolu, ce fut ma nourriture
Et, de la faim, maintenant je n'ai plus peur

Effrayé par la soif, je cherchai une boisson
Le nectar de la Vigilance, ce fut ma boisson
Et, de la soif, maintenant je n'ai plus peur

Effrayé par la mélancolie, je cherchai un ami
La Vacuité béatifique est mon amie durable
Et, de la mélancolie, maintenant je n'ai plus peur

Aussi, moi, un Yogin, comblé par toute richesse désirable
je suis heureux où que je reste.

mGur – hBum

*
* *

Les paroles viennent du cœur :
à cœur fou, paroles folles,
à cœur sage, paroles sages.

*

Et quand je mourrai, que vos larmes ne coulent pas
De même que nul ne pleure la fin d'une rose
Je fis de mon mieux et que peut faire de plus un homme ?
Succès ou défaites, qui peut les mesurer ?
Aussi, laissez-moi aller sans un signe de deuil
Ainsi que vous verriez un bateau s'en aller sur la mer
Ma voie est claire, cette Voie que j'ai choisie
Trois précieux Joyaux éclairent pour moi le Sentier.

Desmond Fitzgerald

*
* *

Achevé d'imprimer par Corlet, Imprimeur, S.A. - 14110 Condé-sur-Noireau (France)
N° d'Imprimeur : 3262 - Dépôt légal : mai 1994 - Imprimé en C.E.E.